U0947936

中国交通运输专家专著系列

先进的交通信息系统数据采集与融合的理论及方法

钱寒峰 著

中国财富出版社

图书在版编目（CIP）数据

先进的交通信息系统数据采集与融合的理论及方法/钱寒峰著．—北京：中国财富出版社，2014.10

（中国交通运输专家专著系列）

ISBN 978-7-5047-5415-8

Ⅰ.①先… Ⅱ.①钱… Ⅲ.①交通运输系统—数据采集—研究—中国②交通运输系统—数据融合—研究—中国 Ⅳ.①U491.1

中国版本图书馆CIP数据核字（2014）第239598号

策划编辑 葛晓雯 **责任印制** 何崇杭
责任编辑 葛晓雯 **责任校对** 杨小静

出版发行 中国财富出版社
社　　址 北京市丰台区南四环西路188号5区20楼 **邮政编码** 100070
电　　话 010-52227568（发行部） 010-52227588转307（总编室）
010-68589540（读者服务部） 010-52227588转305（质检部）
网　　址 http://www.cfpress.com.cn
经　　销 新华书店
印　　刷 北京京都六环印刷厂
书　　号 ISBN 978-7-5047-5415-8/U·0092
开　　本 710mm×1000mm 1/16 **版　　次** 2014年10月第1版
印　　张 8 **印　　次** 2014年10月第1次印刷
字　　数 166千字 **定　　价** 25.00元

版权所有·侵权必究·印装差错·负责调换

内容简介

先进的交通信息系统（Advanced Traffic Information System，ATIS）是智能运输系统的重要组成部分之一，也是发展智能交通系统的基础和关键技术。本书围绕先进的交通信息系统数据采集与融合的理论及方法开展了三方面的研究：ATIS 交通信息的采集方法与理论研究；ATIS 交通采集数据的质量控制技术研究；ATIS 中的数据融合的理论与方法研究。

在 ATIS 交通信息的采集方法与理论研究中，主要对路段浮动车样本的代表性问题进行了研究。将路段上的交通流分为连续流和间断流，分析了影响浮动车样本代表性的因素，并利用仿真技术研究了路段浮动车样本代表性问题。

在 ATIS 交通检测数据的质量控制技术研究中，主要对交通检测信息的质量进行了界定，分析了进行交通检测数据质量控制的必要性和措施。对定点检测数据和移动检测数据的错误原因进行了分析，研究了定点检测数据和移动检测数据的错误识别方法，开发了基于日常统计的定点检测数据实时监控算法，然后对错误数据的修正方法进行分类，给出了错误数据修正的流程和实际例子。

在 ATIS 中的数据融合理论与方法研究中，本书将 ATIS 中的数据融合技术分成三块：ATIS 交通信息融合的模型和结构研究；ATIS 交通事件检测中的数据融合技术研究；ATIS 基础交通信息估计中的融合技术研究。

在 ATIS 交通信息融合的模型和结构研究中，本书介绍了数据融合技术的相关理论，包括数据融合的原理、概念和层次，总结了数据融合技术在交通领域的应用与发展，然后对 ATIS 中数据融合的模型、结构、实施情况等进行了研究。

针对 ATIS 交通事件检测中的数据融合技术研究，本书先介绍了交通事件的检测方法，把交通事件的检测技术分为：基于同源数据的交通事件检测算法和基于数据融合的交通事件检测技术。提出了交通事件检测中数据融合的框架，分析了定点数据和浮动车数据的融合以及检测数据与人工报告数据的融合。

针对 ATIS 基础交通信息估计中的融合技术研究，本书先总结了数据融合技术在基础交通信息中减少估计误差中的应用，然后提出了一种利用定点数据判断路网交通状态是否发生变化，依据结果修正标准库车速，然后与浮动车数据进行融合的新方法，该方法在基于浮动车采集的路网车速处理分析系统中得到应用。

前　言

近年来，计算机技术发展迅速，交通信息采集的智能化程度越来越高，从而为交通运输系统的智能化即智能运输系统奠定了基础。智能运输系统就是在现有的交通状况下，充分利用现代高新技术进行合理的交通需求分配和管理，通过卫星导航系统、汽车自动引路系统、交通信息通信系统（VTCS）、视频监控和计算机管理等多种技术手段，将整个路网的通行能力迅速提高，实现安全、快速、便捷运输目的的一种运输综合治理方案。

先进的交通信息系统（Advanced Traffic Information System，ATIS）是智能运输系统的重要组成部分之一，也是发展智能交通系统的基础和关键技术。本书围绕先进的交通信息系统数据采集与融合的理论及方法开展了三方面的研究：ATIS 交通信息的采集方法与理论研究；ATIS 交通采集数据的质量控制技术研究；ATIS 中的数据融合的理论与方法研究。

围绕 ATIS 交通信息的采集方法与理论研究，本书主要对路段浮动车样本的代表性问题进行了研究。将路段上的交通流分为连续流和间断流，分析了影响浮动车样本代表性的因素，并利用仿真技术研究了路段浮动车样本代表性问题。

围绕 ATIS 交通检测数据的质量控制技术研究，本书主要对交通检测信息的质量进行了界定，分析了进行交通检测数据质量控制的必要性和措施。对定点检测数据和移动检测数据的错误原因进行了分析，研究了定点检测数据和移动检测数据的错误识别方法，开发了基于日常统计的定点检测数据实时监控算法，然后对错误数据的修正方法进行分类，给出了错误数据修正的流程和实际例子。

同时在 ATIS 中的数据融合的理论与方法研究中，本书将 ATIS 中

的数据融合技术分成三块。包括：ATIS 交通信息融合的模型和结构研究；ATIS 交通事件检测中的数据融合技术研究；ATIS 基础交通信息估计中的融合技术研究。

本书的写作基于作者近年来从事智能交通运输研究的相关实践。材料来源有三方面：一是作者发表的研究论文；二是作者的博士论文研究成果；三是作者近年来的科研项目成果。本书以交通工程和交通运输专业的研究生为主要读者对象，也可以为智能交通的从业人员提供部分参考。

限于时间与水平，本书的缺点和错误在所难免，欢迎广大读者批评指正。

钱寒峰
2014 年 10 月 9 日于北京
国家发展和改革委员会综合运输研究所

目　录

1 先进的交通信息系统（ATIS）解析

1.1 交通和信息化

交通是人、车、物传递和输送的总称，包括道路交通、航空交通、铁路交通、水运交通、管道交通五个层次的主要内容。交通的基本构成要素包括道路、车辆、人、环境，交通是这四个基本要素构成的一个统一体。

“信息”一词源于“information”，是近代科学技术的一个专门术语。从广义上说，信息是事物存在方式、运动状态和属性特征的反映。从狭义上说，信息是用数字、文字、符号、语言、图像、图形等介质来对事件、事物、现象、过程等的本质内容、数量和质量特征的描述。信息不是静止的，可以产生，也可以消失，同时可以被传输、交换、处理、检测、识别、存储和显示。信息在特定的范围有特定的含义，可作为生产、管理、经营、分析和决策的依据。

相对于信息而言，数据就是描述事物特征的特定符号，是人们传达思想，进行思想信息交流的载体。数据经过加工后可以形成信息，数据是信息的载体，信息是对数据的解释。

从上面的定义可以看出，信息与数据的概念是有区别的，但在本书里面，对于信息和数据这两个概念并不加以严格的区分，交通信息与交通数据，还有后面章节提到的数据融合与信息融合都约定俗成表达同一个概念。

交通信息指与交通系统的四大组成要素相关联的信息，包括交通运行信息、交通营运信息、交通管理信息和交通服务信息。交通信息是智能交通系统的核心内容，也是实现智能交通系统各个子系统功能的基础，如下表所示。

南京大学郑建明教授主持的国家社会科学基金项目《中国社会信息化进程的测度分析》中指出，信息化是指在国家宏观信息政策指导下，通过信息技术开发、信息产业的发展、信息人才的配置，最大限度地利用信息资源以满足全社会的信息需求，从而加速社会各个领域的共同发展以推进信息社会的过程。

交通信息分类及基本内容

<table>
<tr><th>交通信息分类</th><th>交通信息基本内容</th></tr>
<tr><td>交通运行信息</td><td rowspan="4">动态交通信息：阻塞、通畅、行程时间、突发事件、交通具体位置及行驶路线、不同交通方式的到离站时间、交通控制信号、交通诱导信息等
静态交通信息：交通站点分布、换乘点、停车场、收费价格及站点分布、售票处、交通限制、路况、设施与养护信息等
关联信息：旅游、购物、娱乐、体育、气象等</td></tr>
<tr><td>交通营运信息</td></tr>
<tr><td>交通管理信息</td></tr>
<tr><td>交通服务信息</td></tr>
</table>

智能交通系统（Intelligent Traffic System，ITS）的出现标志着交通系统全面向信息化迈进，它是将先进的信息技术、数据通信传输技术、电子传感技术、控制技术及计算机技术等有效地集成运用于整个交通管理系统而建立的一种在大范围内、全方位发挥作用的，实时、准确、高效的综合交通运输管理系统。

从上面智能交通系统的定义可以看出，先进的信息技术实际上是智能交通系统的基础，脱离了信息技术的支持，交通系统的智能化就不能实现。交通系统的智能化过程实际上也是交通信息化的推进过程，交通信息化的基本含义就是指运用各种现代化的高新技术，将各类交通信息从采集、处理到提供服务加以系统化，共享其资源，为最佳营运与管理交通、发展智能交通系统（ITS）和新产业，发展经济，推动城市进步奠定基础。

本章所关注的先进的交通信息系统，就是在这样一个大框架下，通过对信息采集、信息传输、信息处理、信息发布技术的研发，向社会提供交通信息服务以满足出行者和交通管理部门等对交通信息的需求，从而促进交通运输行业智能化和信息化的发展。

1.2 先进的交通信息系统（ATIS）的基本概念

随着城市化进程的加快和汽车工业的发展，汽车会越来越普及到家庭，这将会导致许多城市的交通问题，例如，交通阻塞、环境污染、交通事故频繁发生。为了缓解城市的交通问题，除了修建必要的道路网增加城市的交通容量以外，还可以通过设置道路交通标志、标线等传统的管理措施提高建成道路的通行能力，以期改善道路的交通运行环境，提高交通的顺畅性，这在一定程度上缓解了城市的交通问题。但是，随着交通需求不断增长、交通系统日益复杂，仅通过增建道路和传统的交通管理来解决城市交通问题，不仅成本高、花费巨大，而且这些措施对于缓解城市交通拥堵、提高道路通行能力的效果也很有限。随着计算机技术、通信技术、网络技术、信息技术的发展，为了解决交通问题，交通工作者便想到了将先进的计算机、通信、控制等技术综合有效的应用于交通运输系统来提高交通运输的质量，智能交通系统也就很自然地诞生了。智能交通系统的实质是利用高新技术对传统的交通系统进行改造而形成的一种信息化、智能化、社会化的新型运输系统。

先进的交通信息系统（Advanced Traffic Information System，ATIS）是智能运输系统的重要组成部分，也是发展智能交通系统的基础和关键技术。ATIS 是建立在完善的信息网络基础上的，通过设置在道路、车等上的各种检测器采集交通信息，通过传输设备将采集的交通信息传到信息中心，由交通信息中心对信息加以处理后向外界发布，供道路交通的使用者、管理者和研究者使用。

近年来，虽然在 ATIS 领域的研究工作已经得到了充分的发展，对 ATIS 的定义和功能，目前世界各国在认识上还存在差异。ATIS 主要是为出行者服务，服务内容包括向出行者提供道路交通状况、出行路径选择、道路交通事故等交通信息。但随着交通信息系统概念的泛化，ATIS 所要服务的对象已不局限于出行者，交通管理部门、交通工程科研人员也成为 ATIS 的服务对象。在这样的一个背景下，利用先进的信息化技术和信息资源提升交通运输的水平，实现交通信息化的系统便是先进的交通信息系统。

交通管理部门可以利用先进的交通信息系统发布道路交通状况信息，对出行者进行诱导，可以将车流合理分配在各条路线上，使每个出行者始终行驶在最短路径上（距离或时间），避开阻塞路段、事故发生路段和环境不良路段，从而减少车辆在道路上的停留时间，使交通拥挤状况得到缓解，并最终实现交通流在道路网中各路段上的最优分配；同时利用各种交通控制系统进行交通流的控制和诱导以疏导交通保障安全；规划部门可以利用先进的交通信息系统提供的交通信息为交通规划和路网改善等决策提供技术支持；交通工程的科研人员可以利用先进的交通信息系统采集的数据建立交通模型，为交通研究服务。

1.3 先进的交通信息系统的信息需求

根据 ATIS 服务对象的不同，将 ATIS 主要的信息需求分为三块，分别是交通出行者的信息需求、交通管理部门的信息需求和政府规划部门的信息需求，其中以交通出行者的信息需求为主。

1. 交通出行者的信息需求分析

（1）出发前的信息：出发前的信息了解，为出行者提供出行的选择，包括最优路线、交通工具、行车时刻表、票价和合乘信息、气象情况、道路情况等。

（2）目的地的信息：沿途和目的地的环境信息，如加油站、医院、办公时间、重要活动、停车条件、天气状况等。

（3）公共交通信息：公交换乘线路信息、换乘时间信息、乘车费用信息、线路图、时刻表、下班车等待时间、下班车满载率、常用线路突发事件通知、与打车成本比较以及目的地周边信息。

（4）交通与道路状况信息：道路几何形状、收费站、交叉口、道路交通状况等信息，尤其要提供相关的视觉（如可变显示板）和听觉信息。

（5）驾驶导航信息：根据交通系统的实时信息直接为司机指示抵达某目的地的行驶路线及方向。如路径查询、实时路况、行程时间等信息。

（6）出行人员服务信息：餐馆、停车场、汽车修理厂、医院等的地址、电话号码、营业或办公时间等。

ATIS 主要面对出行者，而出行者对交通信息的需求很广，依据这些信息做出合理的出行选择，完成出行前、出行中的决策，从而达到节约出行时间、缓解交通拥堵的目的。

2. 交通管理部门的信息需求分析

对交通管理部门而言，ATIS 的信息需求有路网车速、占有率、交通流量、行程时间、交通事件等的实时信息和历史信息。道路的等级、车道数和机非分割情况等道路信息以及延误、饱和度等反映道路交通状况的信息。交通管理部门依赖这些信息进行交通流的控制诱导、指挥城市交通合理运行并对出行者进行交通信息发布。

3. 政府规划部门的信息需求分析

对政府规划部门而言，主要的信息需求有路网 OD 信息，交通流静态数据、交通地理信息、车辆保有率及增长情况信息、交通事故信息以及交通流动态数据。政府规划部门依赖这些信息为道路网规划以及现有交通设施的改造完善等交通项目提供决策支持。

1.4 ATIS 的组成和系统平台设计

1.4.1 先进的交通信息系统的组成

ATIS 主要由四个部分组成：一是外场交通信息采集子系统；二是交通信息传输子系统；三是交通信息中心的信息处理子系统；四是交通信息发布子系统。根据数据流程，首先由外场信息采集系统负责采集交通信息，并通过信息传输系统将信息传输到信息中心的处理系统。然后由交通信息中心的信息处理子系统负责对采集来的交通信息应用挖掘、融合等方式进行处理并存储在数据库中。最后由信息发布系统从数据库中调用这些信息，将信息发送到客户端，如图 1－1 所示。

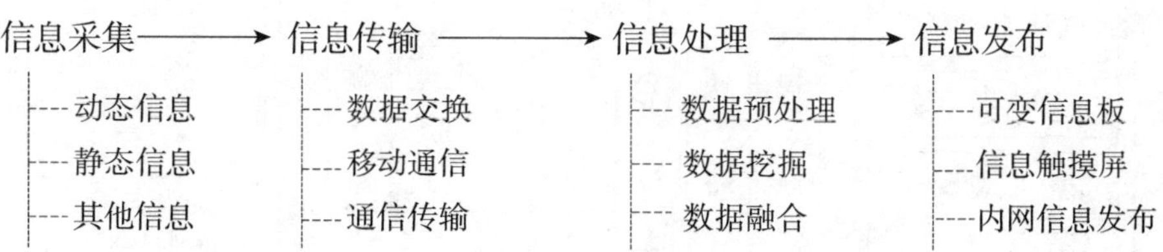

图1－1 一个典型的交通信息系统结构

1. 交通信息采集子系统

交通信息采集子系统是构建先进的交通信息系统的前提和基础，它对交通实时状况和静态数据进行采集，并将采集后的信息存储在交通信息数据库中供信息中心和其他子系统共同使用。先进的交通信息系统的信息来源主要有几个方面：道路等（包括公路与轨道交通）动态交通信息、静态交通信息（包括车站、码头信息以及其他相关信息）和其他交通信息。

道路动态交通信息包括交通管理中心的环形线圈检测器、路口摄像机、浮动车提供的流量、车速和占有率和行程时间等交通数据，以及来自交通警察和交通信息提供者的关于交通事故、事件、阻塞的交通信息。目前，最大的道路动态交通信息来自线圈检测系统，这些系统通常由交通管理部门拥有、运行和维护。典型情况下，在城市道路上，线圈检测器每隔一定距离安装一个，或者安装在道岔口以收集交通流数据，线圈采集的信息都以一定的数据格式传输，反映交通流量、车道占用率等状况。

静态交通信息则主要是基础地理信息、道路交通地理信息、交通管理设施信息以及车辆、出行者、用户等的相关信息。

其他交通信息主要是民航航班、铁路列车时刻表的动态信息和票务信息，铁路列车到发及铁路客票信息，城市公交汽车、地铁、轨道交通等信息，高速公路交通信息，物流与货运等信息，如图1－2所示。

2. 交通信息传输子系统

对于交通工程师而言，交通信息传输子系统在交通信息系统中不是关注的重点，但它是实现交通信息系统功能不可缺少的重要环节。交通信息传输子系统主要是通过光纤、电缆、微波等传输媒介，在交通信息采集点和数据库之间以及数据库与信息发布子系统之间传输数据、语音和图像等信息。在行业内部的交通信息传输可使用专用网络，对公众进行交通信息发布时可以考虑用公网。

3. 交通信息处理子系统

交通信息的分析处理是在交通信息中心（Traffic Information Center，TIC）完成，交通信息中心是整个交通信息系统的中枢，通过对来自线圈检测器、浮动

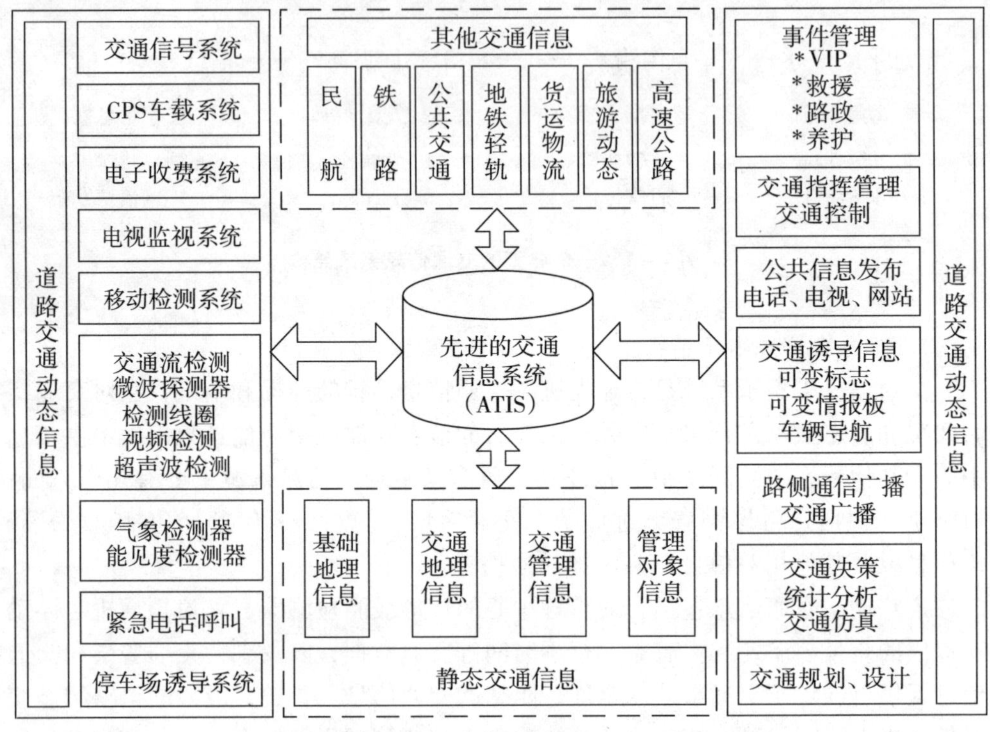

图 1－2　先进的交通信息系统的信息来源

车、交通管理人员等信息的加工处理，生成有效的发布信息。同时建立公共数据平台，供各子系统查询。交通信息中心依赖于一个实时、统一的交通信息数据库，该数据库中的数据由不同的信息采集方式获取。所以，交通信息中心数据的实时性、可靠性必须得到保证，以确保加工后信息的准确性和可靠性。

交通信息的分析处理主要是基于交通工程的相关模型和算法，再运用各种先进的信息处理技术如数据融合、人工智能、决策支持、专家系统等技术将采集到的交通信息进行处理得到全面可靠的交通信息。交通信息中心对不同来源的交通数据首先进行数据的预处理，再进行数据的集成和智能化处理，不仅包括对数据的统计、分析、融合，还包括对初始数据的再加工，即结合现有的经验、数学模型等生成更高层次的决策支持信息。

4. 交通信息发布子系统

信息发布系统是把各种交通信息通过各种传播媒介实时地传递给信息的需求者。交通信息发布子系统分为两部分，一部分是为交通管理人员使用的内部信息发布，主要是通过内部网络向城市交通管理部门、道路养护部门、路网规划部门、交通工程科研人员提供交通信息，为管理决策、控制协调、勤务组织、紧急事件处置和科学研究等服务。另一部分是对外交通信息发布，主要是

面对一般的出行者，通过信息发布手段使出行者在出行途中得到交通诱导信息。常用的对外交通信息发布方式主要有：传统媒体信息发布（广播和电视）、移动通信信息发布、现场 LED 显示屏信息发布和互联网信息发布。另外，交通信息发布还可应用于增值服务，如交通信息广播电台、交通信息服务网站、交通信息亭等。

交通信息发布系统具有对内使用和对外使用两个特性，因此发布系统在硬件配置上也内外有别，由系统内和系统外两个方面构成，重要的是交通信息发布的格式、各类接收设备的接口需要统一化和标准化。

1.4.2 交通信息系统平台的框架设计

随着交通信息化工作的推进，我国很多城市都建立了先进的交通信息系统，如上海有高架快速路监控系统，平面交叉口交通状况评价系统等，这些系统的建设为城市交通信息化的发展打下了良好的基础。但这些系统自身需要完善的同时，系统之间也存在一定的问题，诸如数据接口、数据的冗余浪费等，为了解决这些问题必须建立交通共用信息平台，建立交通共用信息平台的必要性主要由以下几个因素决定。

首先，各个交通信息系统之间的数据接口和数据类型有很大的差异，相互之间没有良好的信息通道，不可避免的形成信息孤岛，导致交通信息系统的综合效益没有发挥出来。因此，必须构建交通共用信息系统平台，实现各个信息系统之间资源的集成和共享，为智能交通的各个部门提供数据支持。

其次，各个交通信息系统存储了大量交通信息数据，缺少对数据进行深层次的整合和挖掘，导致数据的冗余和浪费，而构建交通共用信息系统平台完成对动态数据、静态数据和其他数据的组织，对多种来源且不一致的数据进行融合处理，用以保证系统所采集数据的准确性、一致性，避免数据冗余，同时完成对信息进行准确、实时的存储和传输，发挥其强大的功能作用。

最后，城市交通信息化建设的发展涉及城市交通管理的各个职能部门，这些职能部门既是交通信息的提供者，同时也是交通信息的需求者。因此，这些职能部门需要协调配合，在必要的机制和手段下实现信息共享，才能推动城市交通信息化工作的开展。

交通共用信息系统平台的框架设计如图 1－3 所示。最底层虚线框为信息平台的数据获取层，主要负责从各部门和智能交通各个系统获取数据。为了保证信息平台获取充分和有效的交通数据，必须从平台角度出发，制定统一的信息标准，确定需要从子系统中提取信息的种类和要求，并完成各接口的设计，实现平台与各子系统间的友好衔接。

中间的虚线框为交通信息中心，交通信息中心主要负责对来自不同数据源的数据进行处理。信息中心利用数据融合、数据挖掘、数据深加工等技术采集的原始交通数据进行处理生成有效信息并实现各个交通信息系统之间的数据共享和交换，并对各个交通信息系统进行数据整合以及功能集成，提高系统的运行效率。同时，交通信息中心可以将共享的数据、融合的信息和挖掘的知识提供给多个用户对象，包括内部用户和外部用户，从而实现交通信息的增值业务。

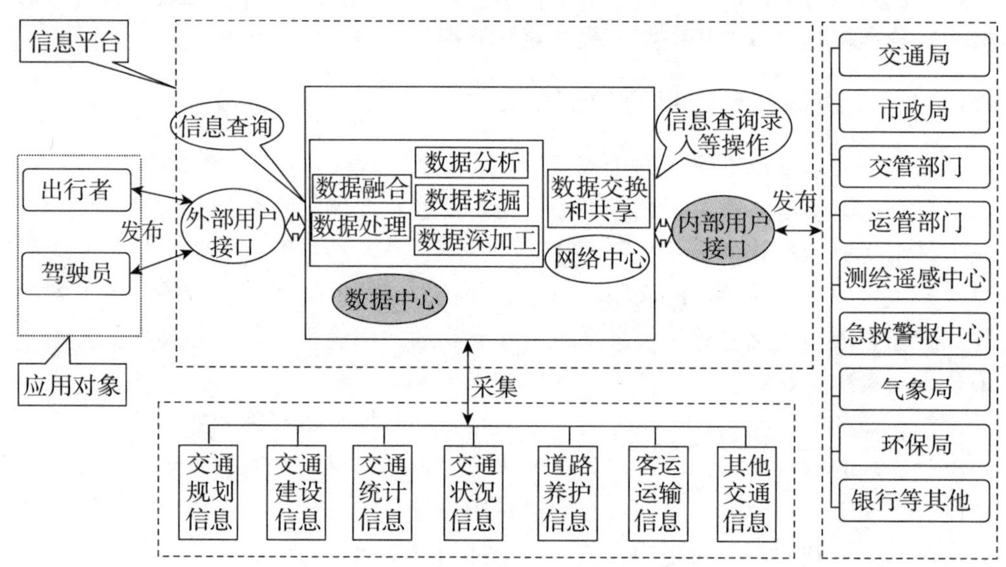

图 1－3　交通信息平台的框架设计

图 1－3 两侧为交通共用信息平台的信息发布对象，交通信息的发布分为对内信息发布和对外信息发布，对内信息发布主要是面向交通管理人员，对外信息发布主要是面向道路交通的使用者。

从内部用户角度来讲，交通管理者可以利用发布的交通信息，进行有效的交通流的预测、调配、控制、诱导，使整个交通系统正常、有序、高效地运行，提高了路网的通行能力，减少了交通堵塞和交通事故的发生。同时内部用户也可以向信息中心录入新的交通信息，实现人机对话。

从外部用户角度来讲，出行者或驾驶员在出行前就可以通过查询得到相关的交通信息，将使他们有很好的计划准备，可以选择最佳的出行方式、出行时间、出行路线，也可以改变其出行计划。在途中获得的交通信息可以协助驾驶员或出行者及时获得沿途的交通信息，使他们能够及时选择最佳的行车路线，从而大大的方便出行者。

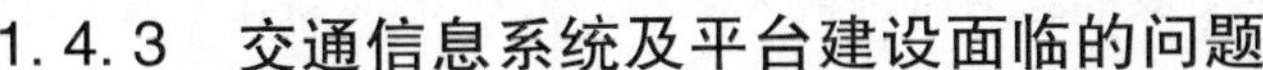

1.4.3 交通信息系统及平台建设面临的问题

1. 实现交通信息资源的沟通和共享

虽然近年很多城市在城市交通信息化建设方面的投入很大，但目前交通信息化建设方面还存在着很多不足。城市公交、货运部门仍以经验型管理为主，交通管理部门虽然在运用高科技手段管理交通方面做了大量工作，拥有多种交通数据采集方式，但采集来的数据缺乏有效的数据处理和发布途径，因而在城市交通管理的实践中效果不够明显。同时由于我国特有的交通管理体制，使智能交通各个系统由不同部门开发建设和运营管理，条块分割现象严重，造成了各部门应用系统间信息共享和交互访问的困难，已经建设的各个系统依然处于信息孤岛的状态，信息不畅和管理手段落后是制约交通发展的突出矛盾。

有鉴于此，迫切需要利用作为高新技术的信息与通信技术改造交通信息管理的传统服务方式，促进新型道路运输服务体系的形成。建设城市智能交通信息平台，要实现在不改变现有管理体系和利益格局的条件下，达到整体协调，并充分实现交通信息共享，信息共享是交通信息系统的命脉，为了实现信息共享，系统设计不但要重视系统核心的研究开发，而且要重视与各子系统之间的相互衔接关系，使分属不同部门的信息能够为所有对该信息有合理需求的部门所用。为了实现各个系统之间的信息共享，信息系统在设计之初就需要确定系统接口标准，规范各子系统的组织结构，确定统一的信息流通机制。

2. 实现对多源数据的融合处理

数据处理是指对采集来的并经规范化处理的数据的组织、存储、检索、更新和维护等工作。对于静态基础数据（如路网结构数据等）的处理主要是进行格式处理后以数据库或数据仓库加以存储，并定期根据需求进行维护更新，按访问权限提供查询。数据处理主要是针对实时动态数据，因为实时动态交通数据是构建交通共用信息平台的基础，而对实时交通数据的有效处理也是实现信息平台各项功能的关键。在对实时动态数据处理的基础上还能形成交通流历史数据库，针对历史数据库，可对交通发展态势等做出趋势分析。由于长期以来各个系统独立运行、平台各异、数据采集存取方式也各不相同，使得对信息平台有价值的数据分布在不同部门，不同物理位置、结构格式差异很大。因此必须运用一种有效的方法合理协调多源数据，数据融合技术是一种可满足该要求的良好工具。

数据融合是一门新发展起来的多学科交叉的前沿学科，它能协同利用多源信息，以获得对同一事物或目标的更客观、更本质认识的信息综合处理技术；它比直接从各信息源得到的信息更简洁、更少冗余、更有用途。利用信息融合技术研究如何加工、联合来自不同信息源的交通信息，并使不同形式的交通信息相互补充，为实现交通功能服务，使交通信息量得到最大限度地发挥，提高在多变环境中正确决策的能力。

1.5 交通信息系统的发展

1.5.1 国外交通信息系统的发展

20 世纪 60 年代及 70 年代早期，国外很多国家就开始了先进的交通信息系统的研究，下面对美国、欧洲、日本等一些国家先进的交通信息系统做一下简单介绍。

美国有代表性的交通信息系统有：TRAVTEK、ADVANCE 和 FASTRAC。TRAVTEK 是美国在佛罗里达州奥兰多布进行的实验。以实时路线引导和服务信息系统实用化为目的，TRAVTEK 由交通管理中心与服务中心装有导航装置的车辆组成。交通管理中心进行道路交通信息的收集、管理及提供，同时还进行系统运行所必需的信息管理和提供；信息服务中心收集以观光设施、旅馆、饭店等为对象的各种服务信息；车载导航装置由车辆位置测定、路线选择及接口三种功能构成，可显示交通堵塞地段、事故及施工的电子地图、按驾驶员需要进行的路线引导及提供服务的文字信息等。ADVANCE 系统通过电波的双向通信直接将车载导航装置和交通管制中心连通。输入最终目的地便可利用最新交通信息计算最佳路线，最佳路线的计算是利用全球定位系统 GPS 和交通管制中心不断传来的交通信息在导航装置中进行的。FASTRAC 是把先进的交通管理系统和先进的交通信息系统技术组合在一起的信息系统项目，它计划进行使实验车辆与信息控制方式统一的实验，也就是根据车辆预测的等待时间，将信号控制与绿信号波段进行最优化设计。

欧洲有代表性的交通信息系统有：SOCRATES、EUROSCOUT 和 TRAFFIC-MASTER。

SOCRATES 充分利用传统的蜂窝无线电话的作用，使交通管制中心与行驶中的车辆进行双向通信，它的下行路线可通过“广播方式”向行驶在各种地面站网络内的装有车载装置的车辆提供道路交通状况的详细数字信息。上行路线利用多频存取协议经过基地台向交通指挥中心发送信息。EUROSCOUT 是以德国西门子公司为主开发和推向市场的，以红外线信标为媒体的动态路线引导系统。由于车辆和信标间的红外线通信是双向进行的，因此汽车则变为一个探头，可以将旅行时间、排队等候时间及 OD 信息等交通数据传输给中央计算机，并可经常更新其中央数据。TRAFFICMASTER 是以伦敦为中心的大范围高速公路使用的系统，采用传呼机网络提供交通信息。该网络由收集高速公路交通状况数据的传感器、整理发送信息的控制中心及接收送达信息并显示在显示器上的车载终端装置组成。

日本有代表性的交通信息系统有：VICS、ATIS 和 DRGS。VICS 是“道路交通信息通信系统”的简称。VICS 由信息收集、信息处理、信息提供和信息利用等五个部分组成。目前，由 VICS 提供的信息有交通堵塞信息、所需时间信息、交通障碍信息、交通管制信息、停车场信息。这些信息分别加工处理成符合车载装置功能的类型，即数字地图显示型、简易图形显示型及文字显示型，之后再供利用。ATIS 是“先进的交通信息服务系统”的简称，它可以根据个人的需求，通过车载导航装置或住宅和办公室的电脑，获得多媒体地图信息和文字信息。由于 ATIS 系统与目前迅速普及的汽车电话、移动电话和个人电脑通信紧密相连，所以具有以下特征：通信媒体是电话（包括无线和有线），可以同时用于其他目的；充分发挥了双向通信的特长，可以按照需求获得所需的、指定的信息。DRGS 是“动态路径诱导系统”的简称。相应于时刻变化着的交通状况，随时向驾驶员提供通向目的地的路径信息的系统叫作动态路径诱导系统。

1.5.2 国内交通信息系统的发展

国内在 1996 年确立了智能交通系统的发展战略，并确立了北京、上海、广州、深圳等十个示范城市。在交通信息系统方面，这些城市纷纷启动了一些研究和应用项目。尤其是北京、上海、广州等几个主要的大城市，特别针对 2008 年奥运会、2010 年世博会以及 2010 年亚运会等，都在建设自己的智能交通信息系统。一些城市政府的交通部门和公交公司等已经开始提供交通信息方面的服务。另外，也有一些运营商已经从互联网着手向公众提供交通信息，特别是基于交通信息、位置信息的大量增值服务。本书的依托项目，深圳城市交通仿真系统也是深圳市先进的交通信息系统的组成部分，关于本项目的有关情况已经在绪论中介绍。

在智能交通控制系统方面，引进国外系统的城市有：北京（SCOOT）、上海（SCATS）、沈阳（SCATS）、长春（比利时系统）、广州（SCATS）、大连（SCOOT）、深圳（日本系统）、无锡（日本系统）。另外，各个城市的高速公路监控管理系统也在不断增加，不停车收费系统已经在一些城市逐步实施；城市的公共交通定位系统、出租车定位调度系统，以及交通突发事故报警系统也在很多城市被广泛地应用，这些系统的构筑为国内先进的交通信息系统的发展奠定了良好的基础。

1.6 本章小结

本章研究内容是围绕先进的交通信息系统（ATIS）展开的，主要是对 ATIS 进行分析介绍，起到提纲挈领的作用。首先对交通、信息、数据、信息化的基本概念进行了定义，解释了先进的交通信息系统的含义，按照服务对象的不同将 ATIS 的信息需求分为三类，研究了 ATIS 的组成和平台设计，分析了交通信息系统及平台建设面临的问题，最后介绍了国内外先进的交通信息系统的发展情况。

2 ATIS 交通信息的采集方法与理论研究

2.1 交通信息采集方法研究

2.1.1 动态交通信息采集概述

城市交通信息分为静态交通信息和动态交通信息。静态交通信息主要是指交通系统中如高速公路、城市道路、公路设施、停车场分布等常规组成部分的性能、特征和指标的信息；动态交通信息不仅包括公路和城市道路上所有移动物体所具有的特定信息，诸如车速、车型、车流量、道路交通状态、非机动车和行人的状态、突发事件等，也包括这些信息与历史数据的对比分析，从而判断它的趋势变化。动态交通信息按数据来源可以分为以下几类：

（1）按信息采集时间：历史数据和实时动态数据。

（2）按信息特点：定性数据、定量数据和图像数据等。

（3）按信息采集系统的不同：交通流检测系统数据、电视监视系统数据、视频检测系统数据、浮动车采集系统数据和人工报告数据。

（4）按信息类别：流量数据、车速数据、占有率数据等。

（5）按检测对象：人员、车辆、道路和环境信息。

（6）按检测目的：交通流参数信息、违章信息和事件信息。

由于静态交通信息是相对固定的，在一定时期内具有一定的稳定性。而动态交通信息采集具有数据量大、采集方式多样化、信息类型复杂、信息的准确性要求高等特点，因此全面可靠的检测动态交通信息成为智能交通系统中的一项关键技术，也是构建先进的交通信息系统的前提和基础。

动态交通信息的采集方式分为非自动和自动两种方式。非自动交通检测方式的主要特点是需要人工干预才能完成交通信息的采集，如人工采集法、实验车调查法和摄影法。自动交通检测方式是完全依靠交通检测设备实现对交通信息全方位、实时的检测。动态交通信息的自动检测方式主要包括定点交通信息采集方式和移动交通信息采集方式。

2.1.2 定点交通信息采集方式

定点交通信息采集是指运用安装在固定地点的交通检测设备对行驶的车辆进行监视，从而实现采集交通参数的方法总称。定点检测器的种类很多，主要有：磁频采集技术、波频采集技术、视频采集技术。

磁频采集技术。当有机动车辆通过检测区域时，在电磁感应的作用下交通检测区域内的电流会跳跃式上升。当该电路超过指定阈值时会触发记录仪，实现对车辆数及通过时间的检测。使用磁频技术采集动态交通信息的设备主要有环形感应线圈检测器，磁力检测器等，其中环形感应线圈检测器的应用最为广泛。

波频采集技术。波频采集技术有两种工作方式，其一是交通检测器向检测区域发射具有一定波长的能量波束，当有机动车辆穿越检测区域时，该波束经车辆反射后被检测器接收，然后经过处理分析获得所需要的交通检测参数。这种类型的设备主要有微波检测器，超声波检测器和主动红外线检测器等。其二是检测器对通过检测区域的机动车辆本身发射的具有一定波长的能量波束进行接收，经过分析处理后获得所需的交通参数。这种类型的设备主要有被动红外线检测器，被动声学检测器等。波频采集两种工作方式的差别主要在于所依据的波束来源不同，前者由检测器发射并接收，后者由车辆发射，由检测器接收。

视频采集技术。它是一种将视频图像和电脑化模式判别技术相结合应用于交通领域的新采集技术。它通过视频摄像机功能，将连续的模拟图像转换成离散的数字图像后，然后通过计算机软件进行分析处理。这种方式分为被动式采集和主动式采集两种工作方式，前者可以提供交通流量，平均速度，车头时距，车辆分类和车辆占有率等数据，后者除了提供上述参数以外还可以提供车辆的跟踪功能，如图2－1、图2－2所示。

图2－1 AVI电子警察

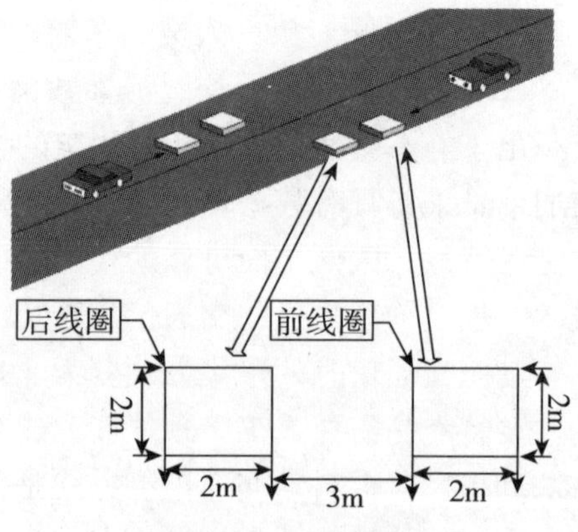

图2－2 环形线圈

随着先进的交通信息系统对实时动态交通信息需求的不断提高，传统的定点交通信息采集方式就出现了不足，主要表现在：

（1）定点交通信息采集方式在路网上的覆盖率比较低，采集的交通信息不能全面反映路网交通状态，导致城市道路网上存在大量的信息“真空”地带，不便于交通管理者进行有效的交通控制和诱导；

（2）定点交通信息采集方式由于受本身技术特点限制，不同的采集方式具有不同的采集特点和环境适应性，信息源的可靠性不高；

（3）定点交通信息采集方式在安装和维护过程中需要破坏路面或影响正常交通流，每年定点交通信息采集方式的维护和保养需要花费大量人力和物力；

（4）基于定点观测而获取的出行信息并不完备，不能完全获得出行路径和起讫点信息，也不能获取一次出行花费的时间、行驶速度与里程等数据。

总之，定点交通信息采集方式已经不能完全满足先进的交通信息系统全面、实时的信息采集需求，因此世界各国交通管理部门和科研人员都在进行交通移动采集技术的选择和实验，希望借助移动采集技术的特点弥补固定采集技术的缺点，完善整个交通信息采集系统，从而更好地为先进的交通信息系统服务。

2.1.3 移动型交通信息采集方式

移动型采集技术是指运用安装有特定设备的移动车辆采集交通参数数据的方法总称。基于浮动车（Floating Car）的采集技术是移动型交通信息采集的主要方式，本文中如不特别说明移动型交通信息采集方式主要是基于浮动车的交通信息采集技术。

浮动车采集技术是指通过记录行驶在交通流中离散的浮动车辆的位置、速度、旅行时间等信息推算网络交通流状况。这与交通调查中提出的传统的浮动车调查法有着本质的区别。传统的浮动车调查法，一般需要车辆在特定时间，沿特定路线按照特定要求行驶而且需要人工记录，采集效率低，数据的准确率不高。而浮动车技术对车辆本身及驾驶行为不做任何要求，与一般社会车辆没有区别，如基于GPS定位技术的浮动车完全利用GPS技术跟踪车辆的瞬时位置、速度和时间，实现对广域交通流信息的动态获取。显然，浮动车技术无论从实现方法上、成本上、数据有效性上都远超过了传统的浮动车调查法。浮动车按照信息获取手段上的不同可以分为“主动式”和“被动式”。

“主动式”浮动车是指在浮动车上装配无线定位和无线通信装置，由散落在整个交通网络内的浮动车辆主动地向信息中心上传自身的时间、位置等信息，信息中心通过推算得到路网的行程车速等信息。“主动式”浮动车利用的车辆定位技术包括：①基于GPS的定位技术；②基于信标的定位技术。在下文中如不特别说明，浮动车专指利用GPS定位技术的“主动式”浮动车。

“被动式”浮动车是指在浮动车上安装车辆标识装置、在路网特定地点安装车辆识别装置，当车辆通过时触发车辆识别装置，“被动式”的由该装置通过有线或无线方式将车辆的 ID 号、位置等数据上传到信息中心，信息中心通过计算得到车辆在道路上的行程时间，平均速度等信息。“被动式”浮动车利用的车辆定位技术包括：①基于自动车辆识别技术的定位技术；②基于蜂窝无线通信网络的定位技术。各种浮动车采集技术的比较分析如图 2－3、图 2－4、表 2－1 所示。

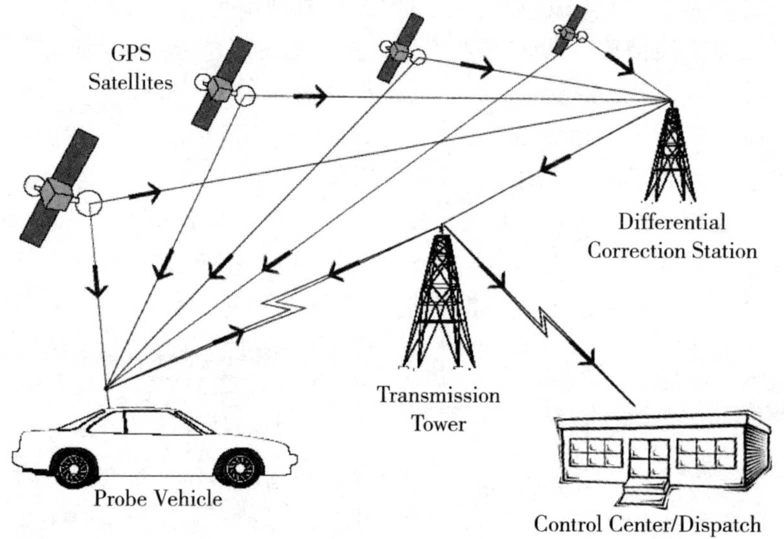

图 2－3　基于 GPS 技术的浮动车

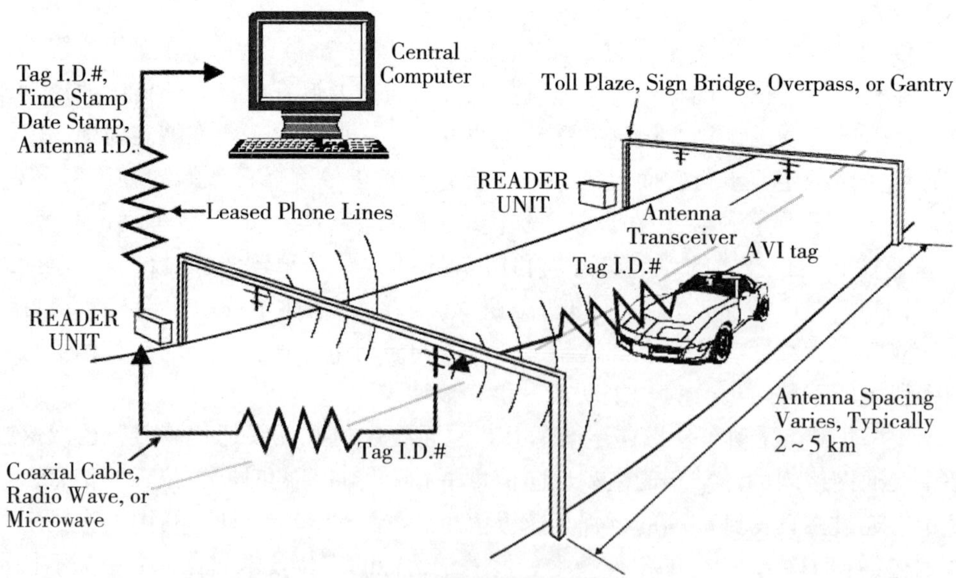

图 2－4　基于自动车辆识别技术的浮动车

表 2-1　　各种移动式交通信息采集技术的比较分析

<table>
<tr><th colspan="2" rowspan="2">技术类别</th><th colspan="2">成本</th><th rowspan="2">数据精度</th><th rowspan="2">约束因素</th><th rowspan="2">驾驶员要求</th></tr>
<tr><th>安装</th><th>数据采集</th></tr>
<tr><td rowspan="2">被动式</td><td>基于信标的定位技术</td><td>高</td><td>低</td><td>低</td><td>信标数量及分布</td><td>无</td></tr>
<tr><td>基于自动车辆识别的定位技术</td><td>高</td><td>低</td><td>低</td><td>车辆识别站数量及分布</td><td>可进行电子收费</td></tr>
<tr><td rowspan="2">主动式</td><td>基于蜂窝通信网络的定位技术</td><td>低</td><td>低</td><td>较低</td><td>蜂窝电话数量，基站分布</td><td>无</td></tr>
<tr><td>基于 GPS 的定位技术</td><td>较高</td><td>较低</td><td>高</td><td>浮动车数量</td><td>车载导航</td></tr>
</table>

利用浮动车技术，可以实现全天候、大范围的交通信息采集，能够直接获得车辆位置、速度和行程时间等信息，检测成本小、效率高，所得的数据可以应用于交通信息的发布和道路交通状态的判别等。正是由于基于浮动车的交通信息采集技术具有这些优点，所以这几年正成为交通工程界的研究热点，世界上很多国家都开展了相关的基于浮动车的交通信息采集技术研究，见表 2-2。但是利用浮动车技术无法直接得到流量和密度信息，也无法全部检测到道路上的拥挤点，因此在使用时需要与其他交通数据采集技术结合。

表 2-2　　世界各国主要的浮动车研究项目

<table>
<tr><th>国家</th><th>项目</th><th>项目概况</th></tr>
<tr><td rowspan="3">美国</td><td>TranStar</td><td>采用典型的 AVI 浮动车技术，从 1994 年开始利用浮动车进行旅行时间采集方面的研究，1996 年又开始匝道控制和 OD 矩阵估计方面的研究</td></tr>
<tr><td>ADVANCE</td><td>利用 GPS 浮动车和感应线圈数据的融合以检测交通事故、预测旅行时间，最终达到路线导航的目的</td></tr>
<tr><td>Ford Research</td><td>浮动车技术在交通事件检测、交通安全与维护、交通管理、紧急事件反应等方面的应用研究</td></tr>
<tr><td rowspan="2">德国</td><td>DDG</td><td>宝马公司使用 25000 辆探测车和 4000 个道路检测传感器，在实验的基础上该公司提出了第二代浮动车 EFCD（Extended Floating Car Data）的概念</td></tr>
<tr><td>德国宇航中心浮动车试点演示系统</td><td>德国宇航中心在德国和欧盟的一些城市建立了浮动车试点性演示系统。作为实验的浮动车载体，每辆出租车都配置 GPS 接受器和无线通信设备。利用 GPS 数据处理出租车的定位分布，以及进行实时的交通状况分析</td></tr>
</table>

续 表

国家	项目	项目概况
日本	Ipcar System	项目开始于1999年，利用280辆浮动车，主要是商务车，来采集横滨市的交通信息，该项目的目的就是利用浮动车作为一个动态的交通信息采集工具，利用采集到的数据更新交通信息
	Smartway	工作侧重于将浮动车应用于中长期的道路交通管理和评估而非实时的浮动车数据处理与信息服务。从1999年开始到2004年，共有超过16个城市，15000辆浮动车参加了实验
英国	Trafficmaster	项目的目的是利用采集到的交通数据经处理后向用户提供交通信息服务，大部分的交通数据来源于固定检测器，浮动车作为辅助的采集工具
中国	宁波实时交通信息发布与动态导航应用系统	该项目为德国宇航研究中心的出租车浮动采集实时交通信息系统在中国实施的牵头项目，也是交通监控和动态导航的样板系统，该系统可以提供出租车辆的准确定位和导航技术
	深圳城市交通仿真系统	通过深圳市的5000辆浮动车采集数据实时获取深圳路网车速、交通状态等信息，并对外发布
	基于网格技术的上海交通信息服务示范系统及其关键技术研究	该系统的目的是建立包括交通信息采集、信息处理、信息服务、决策支持等功能的上海市综合交通信息服务系统，系统利用了3000辆出租车作为浮动车，实时采集道路交通信息

2.1.4 不同种类检测设备的比较分析

不同种类的检测设备性能不尽相同，即使同一种类的检测设备在不同的天气，气候和环境条件下，性能也不一样，在选用检测设备之前必须详细了解这些设备的特点和适用条件。表2－3是各种检测设备的特点比较、表2－4是交通检测器采集交通流参数比较、表2－5是不同场所常用的检测设备。

表2－3　　各种检测设备的特点比较

技术	优点	缺点
超声波检测	*体积小，易于安装	*性能随环境温度和气流影响而降低
微波多谱勒检测	*在恶劣气候下性能出色 *直接检测速度	*不能检测静止或低速行驶的车辆 *以向前方式用定向天线跟踪车道

续 表

技术	优点	缺点
微波真实现场检测	* 在恶劣气候下性能出色 * 可检测静止的车辆 * 可以侧向方式检测多车辆 * 直接检测速度	* 道路具有铁质的分隔带时，检测精度下降
非主动视频检测	* 可为事故管理提供可视图像 * 可提供大量交通管理信息 * 可检测多车道	* 大型车辆可遮挡随行的小型车辆 * 阴影、积水反射或昼夜转换可造成检测误差
主动视频检测	* 可提供大量交通管理信息	* 可能需要很好的红外线焦平面检测器，需要用提高功率，降低可靠性来实现高灵敏度
主动红外线检测	* 可提供大量交通管理信息 * 可以侧向方式检测多车辆	* 性能随环境温度和气流影响而降低
被动红外线检测	* 可检测静止的车辆 * 可以侧向方式检测多车辆	* 性能随环境温度和气流影响而降低
磁力计检器	* 可检测小型车辆，包括自行车 * 适合在不便安装线圈场合使用	* 很难分辨纵向过于靠近的车辆
感应线圈检测	* 线圈电子放大器已标准化 * 技术成熟，易于掌握 * 计数非常精确	* 安装过程对可靠性和寿命影响很大 * 安装时需中断交通 * 影响路面寿命 * 易被重型车辆、路面修理等损坏
基于GPS的浮动车检测技术	* 数据检测连续性强 * 全天候条件下工作 * 可提供大量交通管理信息尤其是行程时间和行程速度	* 需要有大量装有GPS的浮动车在城市路网中运行 * 检测数据通信容易受到电磁干扰 * 在城市路网中的检测精度与GPS的定位精度有很大关系
电子标签车辆检测	* 数据检测连续性强 * 全天候条件下工作 * 可提供大量交通管理信息尤其是行程时间和行程速度	* 车辆必须安装电子标签 * 必须有足够安装电子标签的车辆 * 必须有良好的滤波算法，消除个别车辆运行故障引发的数据误差

表 2-4　　交通检测器采集交通流参数比较

		地点交通流参数数据					路段交通流参数数据		
		断面流量	占有率	地点车速	车队长度	其他参数	路段流量	行程时间	行程车速
固定型交通检测器	单环形感应线圈	D	D	I	I	VEL，VC			
	双环形感应线圈	D	D	D	I	VEL，VC			
	视频检测	D	D	D	D	TH，VC			
	微波检测	D	D	D	I	TH			
	超声波检测	D	D	I	I				
	红外检测	D	D	D	I	VC			
移动型交通检测器	GPS 采集			D			D	I	I
	电子标签采集						D	I	I
	汽车牌照采集						D	I	I

注：D—直接检测；I—间接检测；VEL—车辆有效长度；VC—车型；TH—车头时距。

表 2-5　　不同场所常用的检测设备

应用场所	检测需求与条件	常用技术
交叉路口信号控制	* 检测停止车辆 * 一般天气条件	* 真实现场微波雷达 * 被动红外检测 * 多普勒微波雷达 * 超声波 * 视频检测
交叉路口信号控制	* 检测停止车辆 * 恶劣气象条件	* 真实现场微波雷达 * 超声波 * 长波、红外线检测
交叉路口信号控制	* 不需要检测停止车辆 * 恶劣气象条件	* 真实现场微波雷达 * 多普勒微波雷达 * 长波红外视频检测 * 超声波
交叉信号实时控制	* 模拟检测感应线圈探测区域 * 可侧面安装	* 真实现场微波雷达 * 被动红外检测 * 视频检测

续 表

应用场所	检测需求与条件	常用技术
城市道路或高速公路车辆计数	* 车速在比较低的情况下检测一并计数	* 真实现场微波雷达 * 被动红外检测 * 多普勒微波雷达 * 超声波 * 视频检测
车速检测	* 车速在比较低的情况下检测一并计数	* 真实现场微波雷达 * 被动红外检测 * 视频检测 * 超声波
车辆识别	* 按车辆长度	* 真实现场微波雷达 * 激光雷达 * 视频检测

2.1.5 交通信息采集领域存在的问题及对策分析

先进的交通信息系统的建立是以先进的交通信息采集系统为基础的，得益于交通信息化工作的推进和智能交通系统的发展，目前国内交通信息采集系统发展迅速。如北京、上海都建立了城市快速路交通状况监控系统，通过对城市高架路上动态交通信息的采集和处理，为车辆驾驶人员提供路径诱导，也为管理部门决策提供科学依据。

建立先进的交通信息采集系统是实现交通信息化和智能化的基础工作，交通信息采集系统在缓解城市交通拥挤，提高出行效率等方面都发挥了巨大的作用。但由于交通管理体制上或者机制上的原因，国内的大城市在建立交通信息采集系统的时候都面临了一些主要问题：

1. 检测系统分散孤立，难以形成体系

目前交通信息采集已经朝着多元化、合理化方向发展，但由于我国城市交通管理体制陈旧，多头领导，条块分割的现象比较普遍，部门与部门之间也缺少协调，没有搭建统一的交通信息采集平台，一方面导致信息的综合利用程度比较低，另一方面也造成了信息的冗余和浪费。

2. 检测设施功能单一，集成化、智能化程度低

如国内各大城市普遍使用的电子警察系统，除原地不动地抓获违章外，不能兼职其他任何功能。环形线圈的几项功能，很少能够全部利用。至于大信息量的视频设备，能开发利用其功能的一半也就不错了。设备的功能单一，集成化程度低一方面造成了检测设备的智能化程度低，同时由于多种检测设备的混合使用使城市道路（尤其是交叉口）设施林立，有碍观瞻。

3. 检测技术陈旧，缺少对资源的有效利用

目前，环形线圈依然是我国很多城市作为地面交通最主要的交通检测工具，但环形线圈容易损坏，维修检测不方便，已经不能很好地适应现在交通检测领域的要求。时下，很多城市的出租车都安装了车载 GPS 系统，公交部门有 IC 卡系统，通过对这些采集数据的处理分析，可以获取广域路网的交通状态，出行者 OD 信息等重要的交通信息，但很少有城市去利用整合这些资源，为交通信息化服务。

为了解决上述问题，交通工程研究人员、系统用户、交通管理部门必须联合起来，采取多管齐下的策略谋求交通信息采集领域上述问题的有效解决。

对交通工程研究人员而言，要积极掌握国内外最新的交通信息采集动态，跟踪国际交通信息采集的前沿技术，消化、吸收国外交通信息采集先进的理论、方法和技术，然后结合国内具体实际情况在实践中应用。如同济大学在深圳城市交通仿真系统中，就应用了基于浮动车的先进的交通信息采集技术，结合少量的定点采集数据，以较小的投入完成了对深圳城市交通的整体把握。

对用户而言，要明确需求，并根据需求做好设备选型，由于目前检测器的类型比较多，各种检测器的性能特点，适用的环境也不相同，也没有哪种检测器能起到包打天下的作用，多种检测器的合理组合才能组建一个完善的交通检测系统。而且要在系统开发之初就应该重视系统功能的集成，着眼于交通信息采集系统的整体和长远效益，通过各种检测器的合理搭配和优化组合使检测器的效能能够最大限度地发挥出来。

对行业和主管部门而言，要尽快制定相关交通信息的采集标准，当务之急要制定数据格式和通信协议方面的标准，否则就很难建立一个多种检测器组合的多元化检测系统，交通管理各个部门所建立的交通信息采集系统也会出现各自分立的局面，无法真正做到信息共享，影响交通信息检测工作的开展和检测效率的提高。同时也要积极构建城市交通公用信息平台，鉴于城市交通信息系统建设涉及城市交通多个职能部门。因此，行业主管部门要协调各单位共同行动起来，在必要的机制和技术手段下充分实现部门间的信息共享，逐步解决城市交通信息采集系统各自为政的状态，实现各个交通信息采集系统的有机融合和互相渗透。

2.2 浮动车交通信息采集方式样本量的确定方法研究

2.2.1 浮动车样本数量的确定原则

利用定点和浮动车采集技术可以实现对动态交通信息的自动采集，虽然各种定点采集技术都能提供所需的基本交通流信息、交通流量、时间占有率和地点车速。但是检测器的空间布设位置会直接影响所采集交通数据能在多大程度上体现路网交通状态的完整性和准确性。所以要基于一定原则的检测器布设方法才能最终达到所要求的最佳的数据采集效果。定点交通检测器针对交通调查和道路监控及事件检测的目的，检测器的布设原则不尽相同。

而利用浮动车样本数据获取交通流信息，完成对路网交通状态的评估，一般来说浮动车采集到的交通数据越多，所获取的交通信息越准确。而浮动车所获取的交通数据的准确性不仅与路网上浮动车的数量有关系，也与浮动车的定位精度，以及信息发送的频率等有着复杂的关系。浮动车的定位精度以及信息发送的频率对于交通信息精度和准确性的影响属于系统误差，不是交通工程研究人员关注的重点。

就浮动车交通信息采集方式而言，一般情况下，路网上的浮动车越多，所采集的交通信息就越准确、越可靠，但所付出的数据采集成本就越大。因此，交通信息采集方式经常在交通信息的可靠性和信息的采集成本之间求得一种平衡，这种平衡应能用最小的信息采集成本获取准确可靠的交通信息。考虑到数据采集的成本，理想的状态就是用尽可能少的浮动车来满足交通流参数估计的准确性要求。因此，就有必要在综合考虑基于浮动车采集的交通数据准确性和数据采集成本的条件下研究浮动车的最小样本量。

结合以上分析，基于浮动车的交通信息采集方式最小样本量的确定问题应该满足以下三个基本原则：

（1）满足交通信息使用者对交通信息的精度要求。

（2）交通信息的采集成本低。

（3）满足工程的可实施性。

2.2.2 浮动车样本数量相关研究成果分析

对于浮动车样本数量问题，国内外很多学者开展了大量研究并取得了很多研究成果，下面对有代表性的成果进行分析。

Roberson，H. D 利用数理统计的方法，建立了单条路段上浮动车样本数量的计算模型为：

$$n \geqslant \left(\frac{Z_{\alpha/2}\bar{R}}{d \cdot \varepsilon}\right)^2 \tag{2-1}$$

式中：$Z_{\alpha/2}$ ——双侧标准正态分布值；

$\bar{R}$ ——样本数据变化区间；

d ——样本数据变化区间与标准差 σ 的比值；

ε ——允许误差。

May A. D 的研究表明：对于单条路段，若给定容许误差 ε，样本标准差 s，置信度水平 $1-\alpha$，则浮动车样本数量 n 应该满足：

$$n \geqslant (t_{\alpha/2,n-1}s/\varepsilon)^2 \tag{2-2}$$

式中：$t_{\alpha/2,\,n-1}$ —— $n-1$ 自由度的 t 分布值。

该式中，样本标准差 s，t 分布值 $t_{\alpha/2,\,n-1}$ 均与样本数量 n 存在迭代关系，数学形式不封闭。

Karthik K 等研究并建立了单条路段的浮动和最小样本数量计算模型：

$$n_{lt} = \left[\frac{\Phi^{-1}\left(\frac{1+r}{2}\right)\left(\frac{\sigma_{lt}}{u_{lt}}\right)}{\varepsilon_{\max}}\right]^2 \tag{2-3}$$

式中：n_{lt} ——路段 l 上需要的浮动车最少样本数量；

u_{lt} ——时间间隔 t 内路段 l 上所有车辆的行程时间均值；

σ_{lt} ——时间间隔 t 内路段 l 上所有车辆的行程时间的标准差；

$\varepsilon_{\max}$ ——最大允许相对误差；

r ——行程时间相对误差小于最大允许相对误差 $\varepsilon_{\max}$ 的概率；

Φ ——正态分布函数。

Turner 等、Green 等、Smith 等建立的单条路段上浮动车样本数量计算模型为：

$$n \geqslant \left(\frac{Z_{\alpha/2}\sigma}{\varepsilon}\right)^2 \tag{2-4}$$

式中：$Z_{\alpha/2}$ ——双侧标准正态分布值；

σ ——车辆速度的标准差；

ε ——允许速度误差。

张存保等利用数理统计方法，在考虑浮动车速度、计算时间间隔、数据精度要求等因素基础上，针对交通流密度均匀分布和非均匀分布两种情况，利用数理统计方法建立了道路网上浮动车样本数量的双层模型。结果表明：当计算时间间隔为 5 分钟时，若道路网上交通流密度均匀分布，则浮动车比例至少为 5%；若道路网上交通流密度非均匀分布，则浮动车比例至少为 7%。

Srinivasan 和 Jovanis 在有限浮动车数量条件下，对加利福尼亚 Sacramento 的

交通网络进行了仿真研究，结果表明：在 10 分钟的采样间隔内为使 80% 的路段上保持至少 3 辆浮动车，则至少需要将所有车辆总体的 5% 装配成浮动车。

Xiaowen Dai 等利用 CORSIM 软件评估了以浮动车为工具向出行者提供速度、旅行时间、交通事故信息的数学模型。研究表明：在高速路条件下浮动车比率至少为 3%，在城市道路条件下应超过 5%。

Ruey 等利用 INTERGATION 仿真软件，对路段上浮动车数量与平均速度估计精度之间的关系进行了研究。在仿真实验中，将浮动车的比例从 3% 增加到 18%，然后分析浮动车速度与全部车辆平均速度之间的关系。结果表明，要实现速度估计误差小于 5km/h，浮动车的比例约为 4% ~5%，或者是每个计算周期内任一路段上经过的浮动车不少于 10。

Chris Drance 等在 San Francisco 地区进行了蜂窝定位浮动车交通信息采集实验，提出浮动车比率与路网覆盖率之间的关系为：

$$E = [1 - \exp(-\alpha \cdot \rho \cdot L)] \cdot 100 \tag{2-5}$$

式中：E ——浮动车的路网覆盖率；

α ——浮动车在车流中的比率；

ρ ——路段上的平均交通流密度；

L ——路段的平均长度。

王力修正了该模型，加入定位误差因子，结合信息采集的成本给出了实际浮动车比率的选择方法，其模型如下：

$$E(t) = 1 - \frac{1}{M}\sum_{i=1}^{M} e^{-\alpha\rho_i(t)L_i[1-P(i)]} \tag{2-6}$$

式中：$E(t)$ ——路网中有浮动车数据的路段比例；

M ——路段总数；

α ——浮动车在车流中的比率；

$\rho_i(t)$ ——第 i 条路段的交通流密度；

L_i ——第 i 条路段的长度；

$P(i)$ ——路段 i 上浮动车数据不能准确匹配的概率。

综观国内外对浮动车规模的研究成果，从总体上说现有研究成果主要是围绕两方面展开：①从单条路段交通信息采集的角度，对浮动车样本数量问题进行研究；②从道路网络交通信息采集的角度，研究浮动车的样本数量问题。其中以从路段角度研究浮动车样本数量的研究成果相对较多。

从路网交通信息采集角度研究浮动车样本数量问题，可以给人一个宏观认识，但是现有基于路网浮动车交通信息采集所建立的模型均为静态宏观模型，没有考虑浮动车交通流密度的差异；另外，从实用的角度上说，基于浮动车采集的交通信息系统，一般都以路段为单元进行交通信息发布的，相对于路网来说，对于浮动车样本数量问题的研究，基于浮动车的交通信息采集系统更关注路段上的浮动车样本数量。

从研究方法上，以往浮动车样本数量的研究成果主要是从两方面展开研究的：

一种方法是先假定车流运行服从某种数学分布（正态分布、t 分布等），在这样的前提下，借助于数理统计知识，研究浮动车样本的代表性问题。这种方法虽然强调推理的逻辑性和完备性，但必须先对车流的到达情况做一些比较严格的假设，但实际车流的达到并没有严格服从这些分布，这就导致了结果与实际情况存在或多或少的偏差。

另一种方法是用仿真软件作为主要的研究工具，仿真时任意设定浮动车样本数量，然后分析样本数量与车流总体数据误差之间的关系，该方法具有很强的灵活性。采用仿真软件对浮动车样本数量问题进行研究的原因主要有两个方面：一方面对浮动车规模进行研究的时候，要同时获取路网交通流数据和利用浮动车采集的数据，虽然人工调查方法很准确可靠，但人工调查方法受到人力、物力等因素的限制，而且这两组数据在现场很难同时由人工采集；另一方面在仿真环境下，不仅可以方便的同时获取浮动车的模拟数据和网络交通流数据，也可以方便的实现对实验结果的评价。

路网是以路段为单元的，为了研究问题的方便，本书把浮动车样本数量问题的研究归结为路段上浮动车样本数和路段上浮动车占车流总体比率的问题。在系统误差一定的条件下，路段上的浮动车数越多，浮动车占车流总体的比率越高，交通参数的检测结果越准确、精度也越高、浮动车数据采集的可靠性也越高。反之，路段上的浮动车数越少，浮动车占车流总体的比率越低，交通参数的检测结果准确性不高，精度也低，浮动车数据采集的可靠性也越低。

2.2.3 基于微观仿真的路段浮动车样本量研究

1. 浮动车样本量的微观仿真研究方法

本书采用德国 PTV 公司开发的 VISSIM4.2 版本微观交通仿真软件作为模拟工具，对城市道路网络中，浮动车样本量也即浮动车样本的代表性问题进行研究。VISSIM 仿真软件可以方便的进行道路网络的绘制、交通流的设置，也可以实时跟踪并记录单台车辆的位置、速度等信息，并可以根据需要将任意数量的车设置为浮动车。

仿真时首先在 VISSIM 中建立仿真路网，设置交通需求，并随机选择一定比率的车辆将其设为浮动车，以固定的采样周期记录浮动车和整个车流的相关参数，运行仿真程序，并输出仿真结果。在微观仿真软件中计算单台浮动车的速度方法有两种，具体如下：

第一种方法是将浮动车的瞬时速度进行算术平均，即：

$$\bar{v}_i = \frac{1}{n}\sum_{j=1}^{n} v_{i,j} \tag{2-7}$$

式中：$\bar{v}_i$ ——浮动车 i 的平均速度；

n ——采样时间间隔内浮动车 i 在路段 L 上采集的样本数量；

$v_{i,j}$ ——浮动车 i 的瞬时车速。

第二种方法是将浮动车采样点之间的距离 l 除以浮动车的行程时间，即：

$$\bar{v}_i = \frac{l}{t_2 - t_1} \tag{2-8}$$

式中：l ——采样距离；

$t = t_2 - t_1$ ——浮动车的行程时间。

如果采集数据没有误差，这两种方法的计算结果是一样的，但如果浮动车的瞬时车速相差比较大，特别是当车辆低速行驶或停止时，瞬时车速相差就很大。为了减少误差，在本书中，用式（2-8）来计算单台浮动车的平均速度。

通过式（2-8）计算得到单台浮动车的平均速度后，将采样时间间隔里路段 L 上所有浮动车的区间平均速度进行简单平均，就可以得到路段区间浮动车平均速度的估计值。

$$\bar{v} = \frac{1}{k}\sum_{i=1}^{k} v_i \tag{2-9}$$

式中：v_i ——浮动车 i 的平均行程车速；

k ——路段 L 上浮动车的数量。

以行程车速为研究对象，定义浮动车样本的行程车速均值与车流总体均值的偏差 *MPPE*（Mean Probe Percentage Error）如下：

$$MPPE = \left|\frac{\bar{y}_i - \bar{f}_i}{\bar{f}_i}\right| \times 100\% \tag{2-10}$$

式中：$\bar{y}_i$ ——浮动车样本行程车速均值；

$\bar{f}_i$ ——车流总体行程车速均值。

将车流中一定比例的车辆设置为浮动车，分析不同比例下的 *MPPE* 是否满足信息采集的精度要求，从而确定浮动车在路段车流中的样本数量。

2. 连续交通流条件下路段浮动车样本代表性问题分析

连续交通流是指没有红绿灯控制的交通流，车流是连续的，如城市快速路上的车流。如果车流受红绿灯的控制，车流就是间断的，如城市主、次干道上的车流。在连续交通流状态下，浮动车样本的代表性问题跟两个因素有关：

（1）车流的离散程度。车流的离散程度越高，样本的代表性就越差。反之，车流的离散程度很低，呈“强迫流”状态，那用很少的样本就可以代表车流的行驶状况。在本书中车流的离散程度用饱和度（ v/c ）表示，饱和度越高，车流的离散性就越低，浮动车样本的代表性就越高；饱和度越低，车流的离散程度就越高，浮动车样本的代表性就越低。

（2）浮动车样本的多少。浮动车样本的多少可以用浮动车的个数（用绝对数 n 表示）和浮动车在车流中的比率即浮动车的抽样率 *PPR*（Probe Penetrate Ratio）来表示。一般来说，浮动车在车流中的比率越高，浮动车采集信息的可靠性越高。假定车流中的浮动车样本是一个随机、独立、无偏的样本，那么浮动车 n 样本数越多，浮动车样本的离差就越来越小。

（3）数据统计时间。数据统计的时间越长，样本的准确性也越高。主要是因为数据统计时间越长，路段上观测到的浮动车数量就越多，短时的交通变化被平滑了。数据统计时间是人为确定的，在本书中浮动车数据的统计时间一律为5分钟，在此基础上进行浮动车样本的代表性问题研究。

利用微观仿真模拟软件，参照美国道路服务水平的划分标准，服务水平等级根据饱和度（设定的交通量与道路通行能力的比值）来确定，采用不同道路服务水平下的交通流量作为输入流量。在路网中设置交通信息采集器，可以获得流量、车速等参数，如表2-6所示。

表2-6　城市快速路服务水平

服务水平	A	B	C	D	E	F
运行状况	自由流	稳定流	稳定流（可接受的延误）	接近不稳定（可接受的延误）	不稳定车流（拥挤）	强制性车流（阻塞）
饱和度	0.6	0.7	0.8	0.9	0.95	1

为了研究连续交通流状态下路段浮动车样本的代表性问题，按不同的浮动车抽样率设计了几种浮动车的样本量模拟方案，并在不同道路服务水平下进行模拟。对选定的观测路段（一条5千米长的快速路）为模拟对象，在路段两端设置检测器，以5分钟为数据统计间隔，仿真时间为3600秒，选择车流中一定比例的车辆设置为浮动车，浮动车与车流总体的状态分布一致，运行仿真软件采集数据并计算浮动车的行程车速均值 $\bar{y}_i$ 和车流总体车速均值 $\bar{f}_i$，并按照式（2-10）计算 *MPPE*，结果如图2-5所示。

从图2-5可以看出，在连续流交通条件下，交通运行状况越差，在相同的浮动车抽样率（*PPR*）条件下，浮动车样本的代表性就越高（*MPPE* 越低）。通过对图2-5的分析，在连续交通流状况下，为了满足置信水平为95%的车速采集精度要求，浮动车在车流中的占比只要满足表2-7的抽样水平即可。

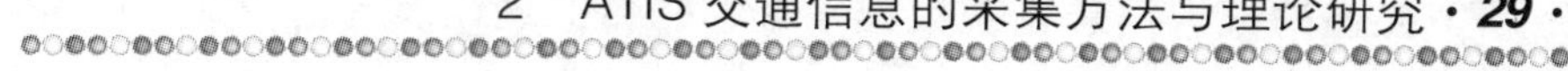

图 2－5 不同浮动车抽样率下的 *MPPE*

表 2－7 不同服务水平下的路段浮动车抽样率（连续流）

道路的服务水平	抽样率大小（%）
A	4
B	4
C	3
D	2
E	1
F	1

3. 间断交通流条件下路段浮动车样本代表性问题分析

间断交通流条件下路段浮动车样本的代表性问题研究比较复杂，受红绿灯控制的影响，在每个信号周期内，总有一部分车辆遇到红灯，需要减速并停止等待。当红灯信号结束并转为绿灯时，等待的车辆要启动，加速并通过交叉口。车流集结与消散的过程如图 2－6 所示，*OA* 为红灯时间，*A* 时刻后为绿灯时间，车辆在有红绿灯控制的路段上的行程时间由两部分组成：行驶时间与延误时间。假定所有车流都是均匀达到，车流的行驶时间相同，车辆在路段上的行程时间的差异主要是由延误时间造成。

在图 2－6 中第一辆车的延误为 *OA*（红灯时间），第 *N* 辆车的延误为 0。由于车流到达的随机性，当路段上有红绿灯控制，发生排队现象时，由于延误时间的不同导致车辆的行程时间差别较大，车辆的行程车速差别也较大，这样路段上同等比例的浮动车样本的代表性在有信号灯控制的条件下比没有信号灯控制的条件下要差。

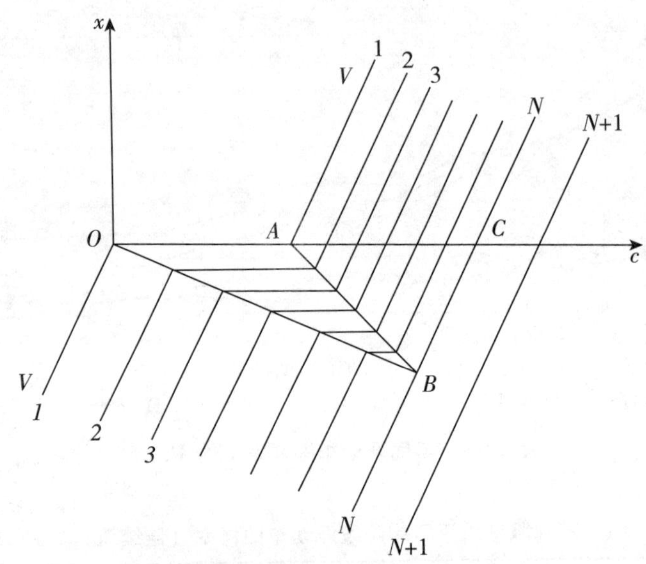

图 2－6　间断流条件下车辆的集结和消散

本书以上海四平路为研究对象，在 VISSIM 软件中建立道路网络如图 2－7 所示。把四平路在赤峰路和大连路之间的一段路段设置为考核路段，路段长度约为 480 米，车流方向为赤峰路往大连路方向行驶，在该路段的入口处和出口处各布设一组检测器，用于检测浮动车和所有车辆在该路段上的行程时间，通过行程时间再计算出浮动车和车流总体的平均行程车速，然后计算浮动车样本的行程车速均值与车流总体均值的偏差（*MPPE*）。

实验方法和步骤如下：

(1) 设定道路网络的 OD 矩阵，将 1% ~10% 的四平路上由赤峰路往大连路方向行驶的车流设置为浮动车，设定仿真持续时间（3600 秒），然后运行仿真软件并记录相关数据。

(2) 利用考核路段上浮动车和车流总体的行程时间估计路段区间浮动车和车流总体的平均车速 $\bar{y}_i$ 和 $\bar{f}_i$，$\bar{y}_i$ 为浮动车样本行程车速均值，$\bar{f}_i$ 为车流总体行程车速均值。

(3) 比较 $\bar{y}_i$ 和 $\bar{f}_i$ 的大小，并用公式计算浮动车样本的行程车速均值与车流总体均值的偏差（*MPPE*），计算结果如图 2－8 所示。

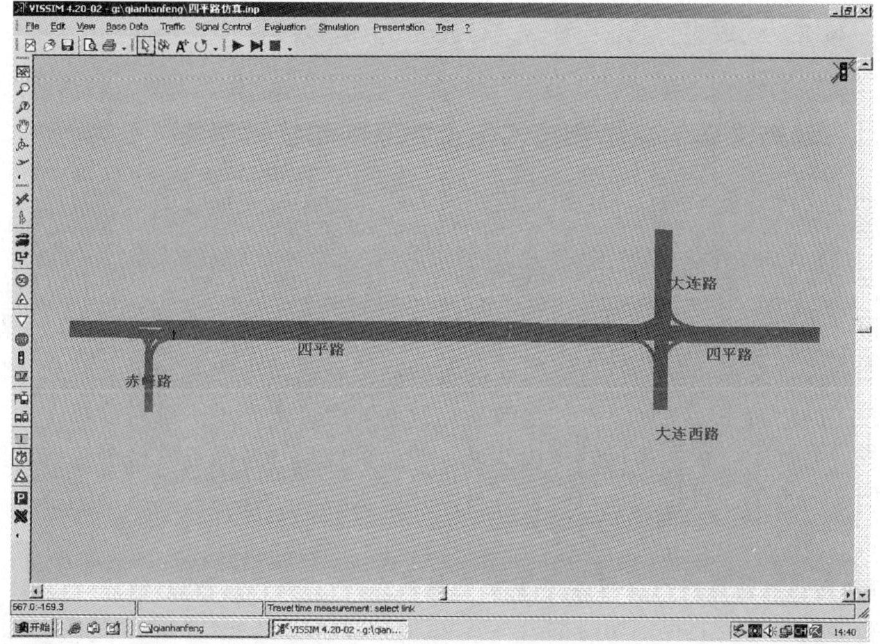

图 2-7 仿真采用的路网图

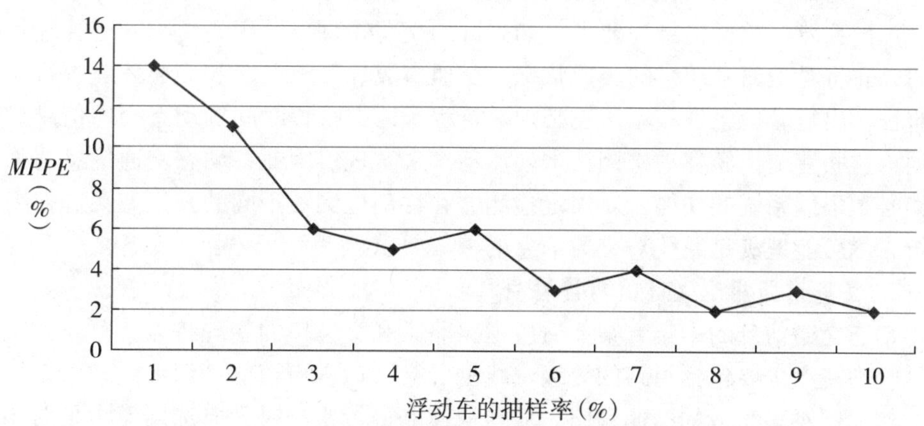

图 2-8 不同浮动车抽样率下的 *MPPE*（间断流）

从图 2-8 可以看出，利用 VISSIM 软件对有红绿灯控制的路段浮动车样本代表性问题进行仿真研究，在数据统计时间间隔为 5 分钟的时候，用 3% ~5% 的车辆就可以实现路段上浮动车样本的行程车速均值与车流总体均值的偏差（*MPPE*）小于 5%。

2.3 动态交通信息检测技术组合分析研究

2.3.1 动态交通信息检测技术组合的原则和技术路线

动态交通信息采集技术的组合应用是多样化的，主要是固定型检测器与移动型检测器不同的组合方式，如交叉口应用环形线圈检测器，路段应用浮动车移动检测技术。而影响这种组合的因素主要有：城市的功能、规模；城市道路的等级、设计参数；道路路段和交叉口的物理特点和交通功能；当地气候条件；检测技术所服务的交通系统的特点以及系统对交通信息的需求内容等。动态交通信息采集技术的组合主要是通过各种交通检测技术的组合来满足系统对信息采集的需求，在此基础上再根据系统的规模、系统的远景规划并考虑各种检测器的性能特点等因素对检测器进行选择与组合。具体分析交通信息采集方式组合的基本原则如下：

1. 适应不同用户对交通信息的采集要求

智能交通系统的很多功能都离不开交通信息的支持，交通检测技术必须向交通系统提供实时、准确、全面的交通信息，而不同的系统对交通信息的需求也不一样，作为最低层的交通检测技术，必须通过各种检测方式的组合满足不同用户、不同系统对交通信息的要求。如先进的交通管理系统主要是给交通管理者使用的，它将对道路系统中的交通状况、交通事故、气象状况和交通环境进行实时的监视。出行者信息发布系统还必须对行程车速、行程时间等动态交通信息进行检测，这些就要依靠移动检测技术如浮动车来实现。因此，动态交通信息的采集方案必须根据系统的功能，对固定检测器和移动检测器不同的采集方案进行组合分析，尽可能地满足系统对交通信息的采集要求。

2. 适应道路和交叉口的物理特点

动态交通信息的采集方案要适应道路路段和交叉口的物理特点。路段和交叉口的物理特点主要包括道路的等级、线型、交叉口进口道的几何形式，渠划情况等。例如：对多车道的高速公路、城市快速路进行检测时，应选用能满足对多车道进行检测的检测器；对具有中央分隔带的高速公路和城市道路，应考虑分隔带对检测效果的影响；对于建筑物密集的城市中心区的道路交叉口，应该考虑到城市景观的协调性，不宜采用过多的悬空式检测器。

3. 适应道路和交叉口的交通状况

动态交通信息采集方案的选择要适应道路路段和交叉口的交通状况。道路路段和交叉口的基本交通状况是根据交通流量、平均车速等交通参数的历史统计数据获得的交通特征，如在车辆行驶速度较高的路段需要对超速的车辆进行监控，

就需要考虑使用满足检测较高行驶车速的检测器如雷达检测器等；对于交通事故频发的地段可以考虑设置视频检测器；对于已建的交通流量较大的路段和交叉口，为了避免破路而影响路段和交叉口正常的交通运行，就需要考虑在路段上方或侧上方安装交通检测器。

4. 适应气候和环境条件

动态交通信息采集方案的选择要适应当地的气候条件。当地的气候条件直接影响到交通信息采集设备的检测效果和使用寿命，如在多雨的南方城市，视频检测器和红外检测器就不大适合；而在气候寒冷的北方地区，检测器必须具有较强的抗低温环境的能力。

5. 整合多种交通信息采集方式

多种交通信息采集方式相互搭配和整合应用具有非常重要的现实意义，可以实现多种检测器的功能互补，如利用环形线圈可以检测单点的流量、车速和占有率等定点数据，而利用浮动车可以获取路网行程时间、车速和OD等广域交通信息。环形线圈和浮动车获取的是数字信息，而利用CCTV可以直观获取图像信息。多种交通信息采集方式的组合，可以获取大范围的交通信息和更多的交通状态参数。

多种交通检测器组合选择的技术路线如图2-9所示，具体步骤如下：

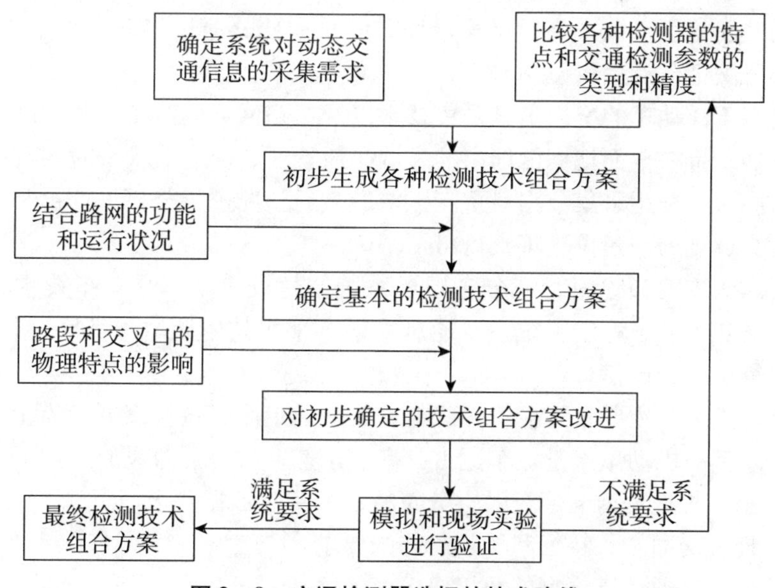

图2-9 交通检测器选择的技术路线

（1）确定系统对动态交通信息采集的需求，根据系统的功能需求确定需要采集的动态交通参数，对数据采集技术进行初步选择，获得满足系统需求的检测技术组合方案，在实际应用中，通常会有多种检测技术组合方案。

（2）分析路段和交叉口的交通功能以及交通运行状况，从上面生成的方案中初步确定基本的检测技术组合方案。

（3）分析路段和交叉口的气候环境以及物理特点，同时考虑到业主的投资能力以及交通检测技术的扩展性等方面的因素，对由第二步初步确定的基本检测方案进行改进。

（4）通过模拟和小范围实验的方式对改进后的方案进行评价，判断能否满足交通系统各功能的要求。如果能满足，则确定为最终检测技术组合方案；如果不满足，则返回第一步，直到获得满意的组合方案为止。

2.3.2 动态交通信息采集方案组合设计实例

深圳城市交通仿真系统的建设将有效地提高深圳市城市交通设施的规划建设与管理水平，提高城市道路交通预测能力，通过实时发布动态交通信息，使车辆驾驶员和出行者了解当前道路交通情况，避开拥堵路段，缓解道路交通拥挤状况；通过定期（月报、年报）发布交通预报，为政府部门智能决策提供技术支持。

交通信息的采集是城市交通仿真系统最重要的基础和前提。它主要包括：交通流量和路段行程时间的两部分信息采集。交通流量采集部分将使用以感应式线圈为主的交通检测手段采集；路段行程时间采集部分通过浮动车采集方式实现；此外，部分关键节点处将使用 CCTV。

通过基于浮动车的交通信息采集技术以及在路网关键节点和关键断面上布设交通检测器，旨在全面把握深圳市的广域交通特征、交通需求及时间与空间变化等信息。同时，利用采集数据对重点区域的交通状况进行分析、评价和交通报表制作，为交通规划与建设决策支持打下基础。

进行采集方案布设时，充分考虑了系统的建设成本。浮动车技术由于成本低，技术成熟可靠，所以系统主要通过浮动车采集技术获取深圳路网行程车速、交通状态等广域交通信息。

定点检测方式主要布置在境界线与重要交通走廊、重要交通节点上，采集分车道、分车型的机动车流量、车道占有率、车速，检测点布设原则如下：

（1）全面把握当前交通流时空分布特征的实际数据要求。

（2）把握交通增长特征和增长趋势的要求。

（3）满足交通仿真模型的数据要求。

为满足上述要求，交通数据采集点布置应包括以下节点/路段：

（1）实现对出入关/出入城、主要通道、区域间境界线的交通信息采集。

（2）实现对关键节点（主/主、主/快、快/快等）的交通信息采集。

（3）实现对反映区域交通变化的一些敏感性节点的交通信息采集。

（4）实现对潜在拥堵点的交通信息采集。

在一些关键节点上布设感应式线圈或 CCTV 的目的一方面是为了把握重要节点（重点区域、境界线）道路交通状况；另一方面也为了总体把握深圳的城市交通状况，为下一步定点检测数据与浮动车数据的融合打下基础。

立足深圳市现状路网及布设原则，将采集点按功能属性进行分类，逐步优化，优先保证可满足多项功能的采集点并预留后期扩容的接口。布设的采集点也充分考虑了《深圳市交通发展年度报告》的交通信息要求，保持交通信息自动采集数据和历史调查数据的延续性、可比性。

系统共设置 64 个采集点，所有采集点均为路段，覆盖了深圳福田、南山、罗湖三区的快速路、部分主干道和次干道，可以初步满足特区内交通状况评价、中观仿真、微观仿真对数据采集的要求。为了最终达到深圳城市交通仿真系统的功能要求，同时也使信息采集点分布均匀，系统拟在后续工程中扩展至少 200 个采集点，64 个采集点的具体采集位置如图 2 - 10 所示。

2.4 本章小结

交通信息尤其是动态交通信息的采集是先进的交通信息系统的关键技术之一，本章先对交通信息进行分类，把动态交通信息的采集方式分为定点采集方式和移动采集方式，并对各种采集技术进行了比较分析，分析了交通信息采集领域存在的问题及对策。在总结浮动车样本量相关研究的基础上，分析了路段上移动采集方式（浮动车）样本代表性问题的影响因素，并利用 VISSIM 软件研究了连续流和间断流条件下路段上浮动车样本的代表性问题。最后用深圳城市交通仿真系统交通信息采集布点的实例探讨了检测技术方案组合设计的原则和步骤。

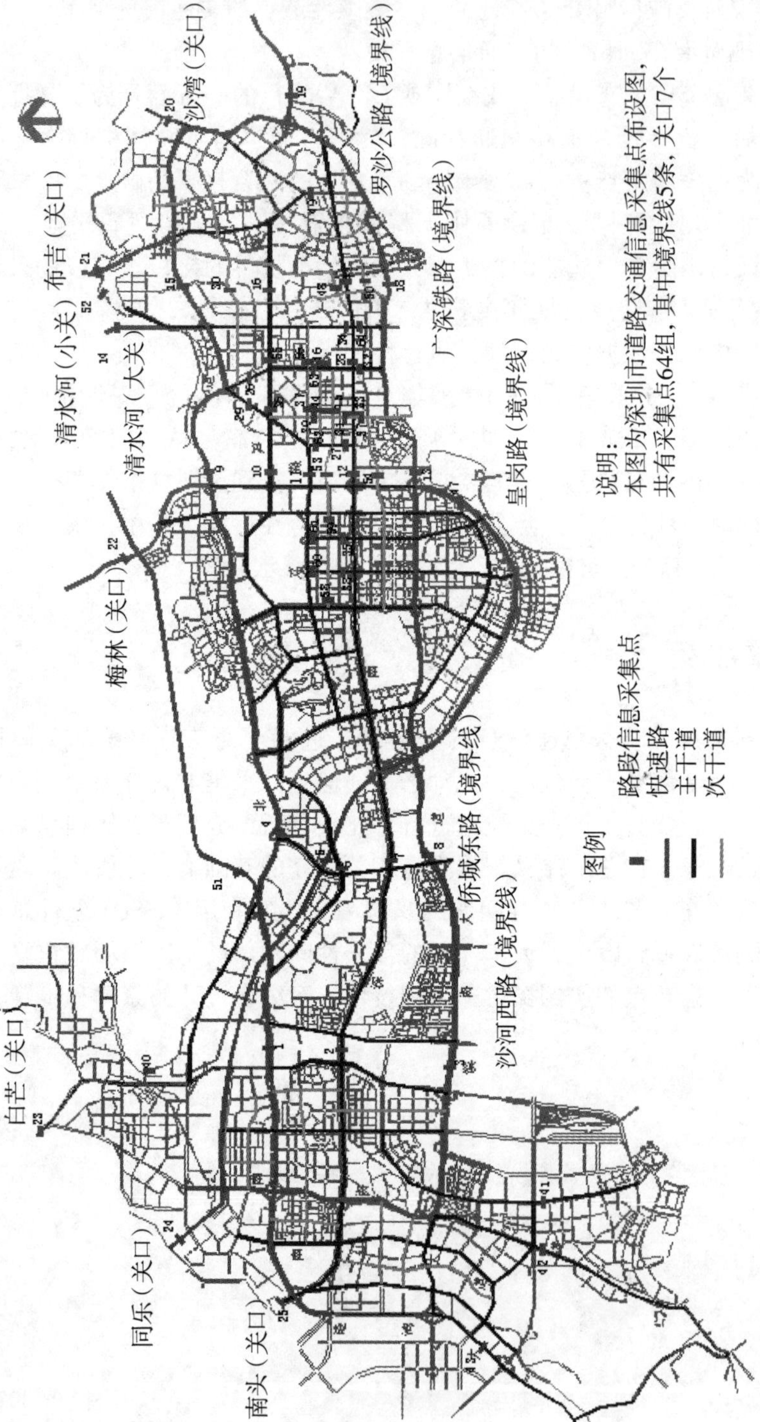

图2–10 深圳市道路交通信息采集点分布

3 ATIS 交通检测数据的质量控制技术研究

3.1 交通检测信息质量的界定

3. 1. 1 交通检测数据的质量标准

通过实时采集路网中交通信息为先进的交通系统提供数据支持，但是交通信息的检测设备由于维护不当、设备工作环境恶劣、设备的硬件出现故障、路面交通状况异常常导致所要采集的交通信息缺失、错误以及失真的情况。因此有必要对智能交通检测信息进行质量控制，减少问题数据，提高交通检测信息的可靠性和准确性，为交通信息系统提供稳定、可靠的交通数据。

传统意义上，信息质量就是信息的真实性和准确性，真实、准确的信息是高质量的信息，虚假、不准确的信息就是低质量的信息。从传统信息质量意义的角度出发，交通检测信息质量应反映被检测信息的真实性和准确性，但这只是从信息内容的角度对检测信息的质量进行定义，仅仅反映了信息质量的一个方面。信息质量的高低还取决于检测信息能否满足潜在客户的需求，从这一角度出发，交通检测信息质量就是交通检测信息满足交通信息需求者要求的程度。为了使检测信息能满足客户的需求，必须对采集来的交通信息进行质量控制。

要进行检测数据质量控制，首先需要对数据质量控制有一个明确的定义。一般来说，数据质量控制是指为达到规范或规定对数据质量要求而采取的作业技术和措施，其任务是及时发现作业技术和活动是否偏离有关规则，使其恢复正常，达到控制的目的。智能交通数据质量控制旨在对问题数据进行判别并且给予修正，提高数据的精度和准确性，满足数据用户的要求。在对交通检测数据质量进行控制之前，必须先定义交通检测数据质量标准，参照这个标准对采集来的交通数据的质量进行判别，是智能交通数据质量控制的前提。

定义交通检测数据质量标准如下：

（1）准确性——交通数据的检测值与真实值之间偏差较小或者无偏差，能反映真实的交通状况。

（2）完整性——交通数据的完整性在时间上表现为检测值没有遗漏或者缺失；在空间上表现为检测数据对被检测对象的覆盖率高。

（3）有效性——交通数据的检测值符合检测要求或者落在可以接受的阈值之内。

（4）实时性——交通数据的检测值能在用户需要或者指定的时间提供。

（5）易用性——检测的交通数据容易被用户按照要求进行处理。

3.1.2 检测数据质量控制的必要性

从政府投资角度，交通信息的采集作为城市智能交通系统建设的一部分需要花费大量的投资。随着交通运输业的快速发展，交通运输网络日益多样化和复杂化，交通运输系统发展正由注重建设转向规划、建设与管理并重，现场交通检测自动化数据采集系统日益受到交通规划、建设与管理部门的重视。上海市交警总队与上海市政局已投资超过 1 亿元在上海市范围内建立以现场交通检测技术为基础的交通信息采集和监控系统对检测数据进行质量控制，目的是为了更好地为城市智能交通系统提供检测信息，缓解城市的交通问题服务，提高交通系统投资的经济效益和社会效益。

从交通部门管理角度，随着交通信息化工作的推进，国内很多大城市如上海、北京都建立了交通控制中心，交通控制中心通过对采集得到的海量实时动态交通数据的处理可以实现交通状态检测、信号控制、交通诱导、旅行者信息发布等功能。然而，由于现代交通检测技术种类繁多，现场工作环境复杂，混合交通车种不一、车辆行驶轨迹较为混乱，并且现场采集数据通过有线、无线、微波等多样通信手段传播，容易造成检测信息缺失、失真。

美国得克萨斯州交通中心的研究表明，大约有 20% 的实时检测交通数据不能得到有效的归档利用。国内上海外环线交通信息的采集主要依靠环形线圈来实现，但是由于线圈本身的特点造成检测可靠性较差，故障检测器占外环线所有检测器的 20%，这些故障检测器无法获取检测点处准确的外环线交通状态信息，造成整个外环线交通信息的不完整，从而影响整个外环线交通监控与管理系统的正常运转。

因此，在现场交通检测数据进入交通控制中心系统数据库前，应用现代统计分析、数理分析理论并结合现代交通工程知识对其进行不良数据的筛选与修复是保证交通控制中心各个系统高性能运行的关键步骤之一。

3.1.3 智能交通检测信息质量控制的措施

1. 制定交通信息采集标准

标准是为了在一定范围内获得最佳的秩序而规定的共同遵守的规则、原则和文件。国际上关于“ITS 标准化”主要有两大组织：一个是 ISO/TC204；另一个是 CEN/278（欧洲标准化委员会）。对于一个城市的交通系统，它的所有交通信息采集过程及数据接口应该是可兼容的。这就要求我们所选的交通信息采集技术、交通信息采集设备的数据接口等应该是标准的、规范的。如果不能及时制定出相关交通信息采集标准，将难以实现各个交通信息采集系统的兼容性。

2. 采用管理措施对信息质量进行控制

交通控制中心应定期对检测设备进行检测、维护，确保设备正常工作；定期对数据质量进行检查，建立异常情况报告制度；制定管理制度，对人员进行岗位培训，使相关人员熟悉业务；加强跨平台的交通信息的整合和交换；随着检测方式的多样化，不同来源的检测信息的格式、精度、时效性都不同，交通控制中心应融合不同来源的检测信息，提高检测信息的准确性、时效性和一致性；开发先进的数据管理系统对采集的交通信息进行管理。

3. 采用技术手段对信息质量进行控制

技术手段只要求从技术层面上对采集的交通信息进行分析、处理，保证交通信息的质量。利用检测器采集交通信息，当交通传感器失灵或传输设备出现故障时，采集到的数据可能出现错误，无法真实地反映交通状况。因此，必须采用技术手段对检测器采集的交通数据进行识别、判断、修正，常用的方法包括对检测数据进行合理性检验、一致性检验、对丢失数据进行补充和对错误数据进行修复等技术手段。

3.2 智能交通检测信息错误原因分析

3.2.1 定点检测数据的错误原因分析

在交通信息检测领域，定点检测技术的应用是最广泛的。由于环形线圈检测技术发展比较成熟并且性价比高，目前为应用最广的定点交通数据检测器，可以用它来检测交通流量，占有率和车辆速度等参数。定点检测器在使用过程中，由于各种原因导致检测数据出错，姜桂艳等归纳检测数据发生错误的类型有三种：损失数据、失真数据和异常数据。引起定点检测数据出错的原因主要有两方面：一方面是由于定点检测器在设备的安装、维护、数据传输过程中操作不当或者设备工作外场环境恶劣导致设备失灵而造成数据损失；另一方面是由于交通流异常，如车流异常密集，车辆在检测器检测范围内频繁变换车道，导致设备不能正确识别从而出现失真数据和异常数据。王珺等分析了定点检测数据错误类型、主要原因以及特征如表 3－1 所示。

表 3－1　　检测数据错误类型、主要原因及特征

类型 原因和特征	损失数据	失真数据	异常数据
错误发生原因	交通检测设施失灵、传输故障或车辆过度密集无法检测，导致数据损失	检测器故障或传输线路故障，导致数据失真，不能反映真实交通状况	交通流中出现非正常交通事件，如异常驾驶行为等突发状况时导致数据异常
空间特征	在一个检测点或多个检测点甚至所有地点数据损失	在一个检测点或几个检测点数据失真	在一个检测点数据异常
时间特征	一个检测时间段内或连续几个时间段内数据损失	一般是短期内数据失真，但也可能由于修复的速度慢而持续较长时间	瞬时或短期内数据异常

3.2.2　移动检测数据的错误原因分析

利用浮动车技术采集交通信息主要是利用 GPS 和 GIS 技术，通过地图匹配技术 GIS 能对 GPS 技术采集的浮动车位置回报数据，再通过相关的算法可以方便的得到道路车速、行程时间等交通信息，但是其准确性却受到诸多因素的影响：一方面 GPS 原始数据因精度问题产生的误差、GPS 数据漂移、“假行驶”现象等。所谓的漂移是指由于 GPS 出现收不到信号或者有外界较强的干扰信号，产生的回报 GPS 经纬度位置数据与真实值相差较大的现象，当车辆靠近交叉口时数据漂移现象尤为明显；而“假行驶”现象则是指在车辆静止时，由于 GPS 经纬度原始数据存在精度问题，每次回报的车辆位置数据不是同一值，而是在一个小范围内波动而造成车辆在行驶的假象。这种假行驶现象产生的假里程会影响车速等交通信息的分析。另一方面由于受各种随机因素如 GPS 信号较弱、无线传输错误等原因导致数据错误、数据丢失等情况。为了降低非正常数据带来的影响，必须对检测数据进行预处理，完成丢失或错误数据的识别与修复。

3.3 动态交通信息检测错误数据的识别和修正

3.3.1 定点检测错误数据的识别

1. 定点检测丢失数据的判断

无论是定点检测器，还是移动检测器都是按照一定的时间间隔来采集数据，但是在实际应用中，检测器扫描频率不固定、传输线路出现故障、车辆过度密集造成检测器无法检测车辆等原因都会使采集到的交通数据无法严格按照一定的时间间隔上传，甚至会有部分数据丢失，给以后的数据处理工作带来不利的影响。

把在一定时间段内得到的数据定义成某一时段的数据，例如，将采集数据的时间间隔规定为 2 分钟，则在 8：00 到 8：02 这个时间段内得到的数据均视为 8：00的数据，然后对数据的时间段进行扫描，如果在某一时间段内没有得到数据，则认为该时段的数据产生了丢失。

2. 定点检测失真数据的判断

失真数据的检验包括合理性检验和一致性检验，这种检验能够识别出在数据采集与传输过程中发生的错误数据和由于不合理驾驶行为而导致的错误数据，这些数据在没有处理前都不能直接用于更高级的模型计算。

当单个数据的样本 x 符合条件 $x_{\min} \leqslant x \leqslant x_{\max}$ 时，表示 x 通过合理性检验；当一对数据样本 (x, y) 满足条件 $y_{\min}(x) \leqslant y \leqslant y_{\max}(x)$ 时，表示数据对 (x, y) 通过一致性检验。

3. 检测数据的合理性判断

检测数据的合理性检验要求系统能够及时识别检测数据中的失真数据，便于以后对失真数据进行错误修正。检测数据的合理性检验包括定点检测数据的合理性检验和移动检测数据的合理性检验。

定点检测方式可以检测流量、地点车速、占有率三个交通参数，当检测数据值超过流量、占有率、速度的可能最大、最小值的数据是明显错误的，例如上海某个交叉口的固定检测器 1 个小时测的单车道通过车辆数达到了 1500 辆，该数字大大超过了交叉口进口道车道的通行能力，因此该数据为错误数据。通过研究给出流量，地点车速，占有率三个交通参数的阈值。

（1）定义流量检测值 Q_d 的合理范围如下：

$$0 \leqslant Q_d \leqslant f_c \cdot C_{\max} \cdot T/60 \quad (3-1)$$

由于车辆的计数是在一个相当短的时间内完成的（几十秒或几分钟），因此，Q_d 的范围为道路的最大通行能力 $C_{\max}$ 与一定时间段的乘积，最小为0。$C_{\max}$ 为车道最大通行能力，道路等级不同，与之匹配的车道最大通行能力也不同，建议 C_{max} 值如下：

道路等级为快速路时 $C_{max} = 2000veh/h$；

车道受信号灯控制时 $C_{max} = 2000 \cdot (g_{max}/c_{min})veh/h$；

车道为优先车道时 $C_{max} = 1400veh/h$；

车道为禁行车道时 $C_{max} = 900veh/h$。

T：交通参数采集的时间间隔；

f_c：修正系数，一般取 1.3 ~ 1.5。

由于交通流的波动性大，而数据采集时间间隔又很短，可能导致在采集时间间隔内部分时间的交通流量超过了道路的通行能力。因此必须用道路的通行能力和修正系数的乘积来确定流量的最大值。

（2）定义地点车速检测值 V_d 的合理范围如下：

$$0 \leqslant V_d \leqslant f_v \cdot V_1 \tag{3-2}$$

式中：V_1 ——检测道路的限制车速，不同道路等级限制车速不同；

f_v ——修正系数，一般取 1.3 ~ 1.5。

由于地点车速的检测是在一个很短的时间内完成，检测时可能出现随机误差。另外，车辆在行驶过程中车速超过限制速度的现象也比较常见，因此必须通过修正系数对限制速度进行调整。

（3）定义占有率检测值 O_d 的合理范围如下：

$$0 \leqslant O_d \leqslant 95\% \tag{3-3}$$

定点检测的占有率是指时间占有率，它是指一定的时间段内，检测器被车辆占用的时间与检测时间的比值。在交通量较小的情况下，相应的车速就高，单位时间内通过检测器的车辆较少，检测器的占有率低。随着交通量的增加，车速降低，单位时间内检测器被占有的时间较长，检测器的占有率就明显变高。一般情况下，占有率不会超过 95%。因此，占有率筛选的阈值一般确定为 95%。但是由于交通信号的存在，当车辆出现排队时容易出现高占有率，因此这种检测方法并不适用于信号控制交叉口道路。

4. 检测数据的一致性判断

合理性检验可以检验出检测数据中的故障值，但是每次只能检验一个交通参数，没有考虑数据之间的内在联系，无法保证数据的可靠性。还要通过对流量、速度、占有率等检测参数之间的内在关系进行一致性检验，找出不符合实际的错误数据。定点检测数据的一致性检验主要是检验流量和占有率之间的一致性，流量和速度之间的一致性，流量、占有率和速度三者之间的一致性。

（1）流量和占有率参数的一致性条件

由交通流理论可知，流量和占有率之间的数据存在着两种对应关系，表现为同一流量数据可能对应于正常交通状态下的低占有率，也可能对应于拥挤状态下的高占有率，它们之间的关系为抛物线关系。流量和占有率一致性检验的条件为：

$$aO_d^2 + bO_d - k_q\delta_q \leqslant Q_d \leqslant aO_d^2 + bO_d + k_q\delta_q \tag{3-4}$$

式中：a 、b ——流量与占有率关系模型的参数；

δ_q ——流量的标准偏差；

k_q ——流量的修正系数。

（2）流量和速度参数的一致性条件

速度与流量参数的关系受交通传感器所处的地理位置影响很大，因此，在进行数据筛选时要根据目标路段的实际情况确定模型中的参数。流量和速度一致性检验的条件为：

$$\frac{1}{a\left(1-\frac{q_d}{C}\right)} + \frac{f \cdot b}{1-\frac{q_d}{\lambda S}} - k_v\delta_v \leqslant \frac{1}{V_d} \leqslant \frac{1}{a\left(1-\frac{q_d}{C}\right)} + \frac{f \cdot b}{1-\frac{q_d}{\lambda S}} + k_v\delta_v \tag{3-5}$$

式中：f ——每千米道路信号灯控制交叉口数；

λ ——绿信比，$\lambda = g/C$ ；

S ——饱和流率；

δ_v ——速度的标准偏差；

k_v ——速度的修正系数。

（3）流量、占有率、车速参数的组合检验

定点检测参数占有率、车速、流量关系密切，这一点也可以从流量、密度和速度的基本关系式中得出，$Q = V_s \cdot K$ 。式中，流量 Q 与检测流量 Q_d ，空间平均车速 V_s 与检测的地点车速度 V_d ，密度 K 与检测器的时间占有率 O_d 都是一对一的映射关系。

基于交通流理论，可以计算出所检测车流平均有效车辆长度 L_{veh}（L_{veh} 为检测器的长度与被检测车的长度之和）。一般情况下，L_{veh} 的值应该在 5～12m（根据各车型设计车辆极值长度和检测器长度估算），若 L_{veh} 值不在此范围内，则这一组检测数据中可能有某一个数据出现了错误。

$$L_{veh} = \frac{V \cdot O}{S} \tag{3-6}$$

式中：L_{veh} ——平均有效车辆长度；

O ——占有率；

S ——每车道小时流量。

对图 3－1 车辆的有效长度统计分析，所有样本的平均车辆长度为 4.93 米，但是其中的最小值仅为 1.70 米，最大值为 18.50 米，超出了车长最小值至最大值范围，所以对于有效车长值不在有效范围内的样本，将视为异常数据样本，不能进入后续步骤的数据处理。

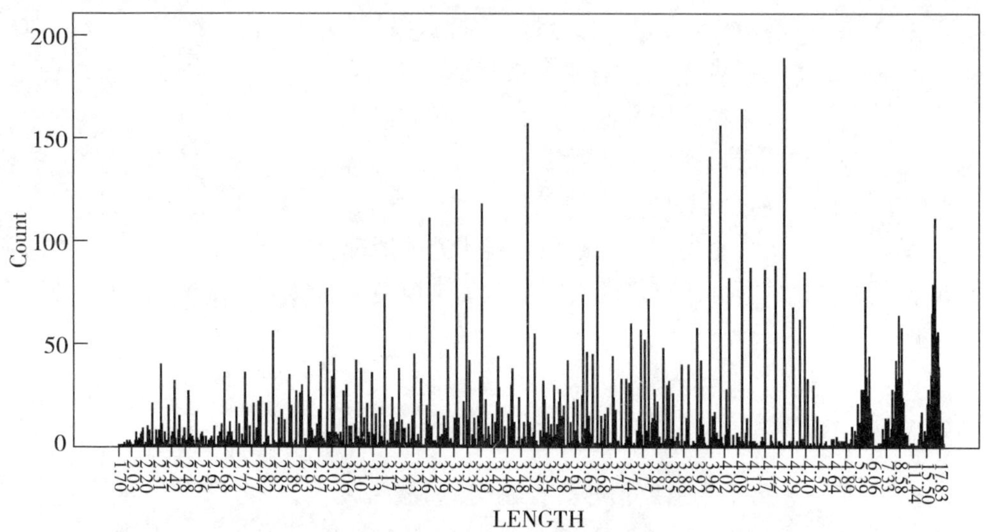

图 3－1　不同车道车辆有效长度统计

注：横坐标为有效车长，单位为米；纵坐标为频率计数，单位为个。

组合检验的筛选方法主要是基于两个重要的交通流理论假设：

首先，在传统的速度、流量和密度关系中，假设占有率与速度之间存在线性关系。但是，近来许多有关交通参数研究结果显示，如果车辆长度、速度和车头时距统一，那么在一定条件范围内（比如占有率介于 8%～20%），可以近似得到线性关系，而其余情况下，该假设并不成立。

其次，感应探测器采集的速度实际是地点速度，然后累计每个采集间隔输出为时间平均速度。但是，与公式对应的流量和密度要求空间平均速度。判断有效车辆长度可以检测出单个阈值筛选中并不明显的错误，但并不能用于所有的实时交通数据，因为其检测过程是速度和占有率的乘积除以交通量，因此不适于速度、占有率和流量任一为零的情况（这样会使 L_{veh} 产生零值或无穷大）。

有鉴于此，流量、占有率、车速三参数的组合检验方法在实际应用中受到很多限制。

5. 定点检测异常数据的判断

在正常交通状态下，网络交通流的变化是一个平稳的随机过程，检测数据的幅值应该在某一区间内变化，但是当道路中出现交通事件时，检测数据与正常情况下的数据之间会出现很大的偏差。

表 3－2 中的定点数据采集间隔时间为 20 秒，组合 1 表示所有的交通参数都

为0，当车辆在线圈检测器前停下或无车辆通过时该组合可能发生；组合2表示速度和交通量都为0，而占有率大于95%，该组合为异常数据；组合3表示速度、流量和占有率都在可接受的范围；组合4～组合7的数据都为异常数据；组合8表示速度和交通量都大于0，而占有率等于0这种情况可能是由于占有率采用的精度的原因（测得的占有率在0和1%之间）。因此，车速和流量的数据仍然是可用的；组合9也为异常数据；组合10表明一个周期内测得的交通量过大，为异常数据。

表3－2　线圈检测参数可能组合

组合编号	可能的组合形式	组合编号	可能的组合形式
1	$V=0$，$Q=0$，$O=0$	6	$V=0$，$Q>0$，$O>0$
2	$V=0$，$Q=0$，$O>95\%$	7	$V>0$，$Q=0$，$O=0$
3	$V>0$，$1\leqslant Q\leqslant 18$，$O>0$	8	$V>0$，$Q>0$，$O=0$
4	$V=0$，$Q=0$，$O>0$	9	$V>0$，$Q=0$，$O>0$
5	$V=0$，$Q>0$，$O=0$	10	$V>0$，$Q>18$，$O>0$

注：V—车速；Q—流量；O—占有率。

以流量 q_t 为例，可以采用 t 时段之前 n 个数据的流量平均值 $\bar{q}_t$ 和方差 σ_t 来识别异常数据。当 $\bar{q}_t-2\sigma\leqslant q_t\leqslant\bar{q}_t+2\sigma$ 时，认为数据是正常的，否则认为此时的交通数据为异常数据。

6. 基于日常统计的定点检测数据实时监控算法

数据采集状态的监控是定点数据采集流程中重要的一环，如果检测器和网络在非正常的情况下所采集的数据信息进入了数据的处理和交通信息的服务过程，最后将对交通信息的服务者和决策者造成误导，甚至产生严重的后果，所以必须将数据采集状态的监控作为单独的一个模块进行理论和方法研究。本书前面提到的针对定点检测丢失数据、失真数据和异常数据的判断，是应用各种理论方法针对单个的数据进行判断，而数据采集状态的监控是侧重于对采集数据进行分析来判断硬件设备的工作状态。

所谓数据采集状态监控是通过对交通检测器硬件监控和对检测器所采集的数据进行监控两个方面。非正常交通数据的采集可能原因来源于定点检测器的硬件故障，也可能来源于通信网络的故障，表现为不合实际交通状态的数据传输到信息采集中心。硬件故障会有电源故障，信号调节故障，内存故障，程序存储器故障，硬件信号故障等，这些都能使数据采集工作不能正常进行。对于定点交通检测器的硬件故障属于硬件生产商负责和处理的范围之内，这些故障对于成熟产品的交通检测器来说都会由硬件自带的自检诊断程序或由相关技术人员检查检测器内部功能并查找硬件故障原因。

除了对硬件直接检查，还可以对定点检测器所采集并传输到信息采集中心数据库中的数据进行间接检查来找出数据故障的可能性和硬件故障原因所在。通过对采集到的交通流数据进行一定时间范围内的分析处理可以判别在相应时间范围内检测器和其他设备是否处于正常运行状态。基本原理就是将采集到的交通流信息与实际路段交通流状态对比分析，如果采集的信息无法反映出实际的交通运行状态，与实际情况差别很大，那么就根据交通流数据中错误的特点判别检测器采集数据状态是否正常和找出检测器和其他硬件潜在的异常来源。

运用统计学方法，针对出现数据错误的方式进行数据监控，在时间上通常可以分为实时监控和离线监控两种，通常两种方法同时应用。其中，实时监控主要针对交通流采集信息中各个字段如测站编号，测点编号，时间，大中小型分类的车道流量，地点车速和时间占有率等字段进行数据格式是否错误，交通信息数据是否发生重复传输等多种错误方式进行在线监控。离线监控就是将一定时间段的数据采集完成后集中进行一次检查来进行的。

对定点数据采集设备以一定的时间间隔采集到的道路断面流量等数据进行监控，建立事件报警机制，当传输的数据不正常的时候就报警，表明检测器采集数据状态不正常，然后由工作人员找出检测器或其他硬件潜在的故障来源。采用如下算法，建立报警机制，对定点数据采集设备以一定时间间隔（本书为 60 秒）的道路断面数据进行判断，如果发生以下事件，则会触动报警机制。其中 N（事件 i）表示 i 事件发生 N 次，详细过程如下：

（1）数据记录中，数据记录格式错误，时间累计超过 2 小时，即 N（事件 a）>120 次，则报警。

（2）数据记录中的交通参数——流量，取固定值，时间连续超过 2 小时，即 N（连续事件 b）>120 次，则报警。

（3）数据记录中的交通参数——地点车速，取固定值，时间连续超过 2 小时，即 N（连续事件 c）>120 次，则报警。

（4）数据记录中的交通参数——占有率，时间连续超过 2 小时，即 N（连续事件 d）>120 次，则报警。

（5）数据记录中的交通参数——流量，一天内没有通过最大值最小值检验，累计样本数超过 25%（占全天），即 N（事件 e）>360 次，则报警。

（6）数据记录中的交通参数——地点车速，一天内没有通过最大值最小值检验，累计样本数超过 25%（占全天），即 N（事件 f）>360 次，则报警。

（7）数据记录中的交通参数——占有率，一天内没有通过最大值最小值检验，累计样本数超过 25%（占全天），即 N（事件 g）>360 次，则报警。

（8）占有率超过35%的样本数一天内累计超过50%，即 N（事件 h）>720次，则报警。

（9）占有率为零的样本数一天内累计超过50%，即 N（事件 i）>720次，则报警。

（10）在时间段5点至22点间，流量和占有率同时为零，累计样本数比例超过50%，即 N（事件 j）>540次，则报警。

（11）在时间段5点至22点间，流量为零而占有率非零，累计样本数比例超过25%，即 N（事件 k）>540次，则报警。

（12）在全天时间段，流量非零而占有率为零，累计样本数比例超过25%，即 N（事件 l）>720次，则报警，如表3-3所示。

表3-3　定点检测数据报警机制

事件编号	事件描述	报警机制
事件 a	数据记录格式错误	时间累计超过2小时，则报警
事件 b	数据记录中，流量总是为固定值	时间连续超过2小时，则报警
事件 c	数据记录中，地点车速总是为固定值	时间连续超过2小时，则报警
事件 d	数据记录中，占有率总是为固定值	时间连续超过2小时，则报警
事件 e	数据记录中，流量没有通过最大值最小值检验	累计样本数超过25%（占全天），则报警
事件 f	数据记录中，地点车速没有通过最大值最小值检验	累计样本数超过25%（占全天），则报警
事件 g	数据记录中，占有率没有通过最大值最小值检验	累计样本数超过25%（占全天），则报警
事件 h	数据记录中，占有率超过35%	样本数累计超过50%（占全天），则报警
事件 i	数据记录中，占有率为零	样本数累计超过50%（占全天），则报警
事件 j	数据记录中，流量和占有率同时为零	累计样本数比例超过50%（时间段5点至22点间），则报警
事件 k	数据记录中，流量为零而占有率非零	累计样本数比例超过25%（时间段5点至22点间），则报警
事件 l	数据记录中，流量非零而占有率为零	累计样本数比例超过25%（占全天），则报警

3.3.2 移动检测错误数据的识别

1. 移动交通传感器数据的合理性检验

（1）道路拥挤长度参数 l_c

道路拥挤长度是指浮动车以低于拥挤状态时的临界速度行驶过的距离。一般情况下拥挤长度不应该超过路段的长度，但由于在路段长度测量中存在误差或数据库中不可避免的错误，因此，该指标的合理范围为：

$$0 \leqslant l_c \leqslant l + \varepsilon_l \tag{3-7}$$

式中：l——路段长度；

ε_l——路段长度测量所产生的最大误差，有时也可以定义为 l 的函数。

（2）行程时间参数 t_p

行程时间 t_p 是指浮动车驶过特定路段所用的时间，该指标的最小值定义为在自由流状态下，车辆以稍高于限制速度的合理速度行驶过特定路段所用的时间。行驶时间的最大值则因道路的等级、控制类型等交通参数的不同而不同，应具体分析。

高速公路浮动车行程时间的合理范围为：

$$\frac{l}{f_v \cdot v_m} \leqslant t_p \leqslant \frac{l}{v_b + \varepsilon} \tag{3-8}$$

式中：f_v——修正系数；

v_m——路段规定的限制速度；

v_b——当路段的下游发生阻塞时沿此路段行驶的平均车速；

ε——大于0的一个极小实数，以免当 $v_b = 0$ 时算法溢出。

城市主干道浮动车行程时间的合理范围为：

$$\frac{l}{f_v \cdot v_m} \leqslant t_p \leqslant \frac{l}{l_Q \cdot C} + \tau_{\max} \tag{3-9}$$

式中：l_Q——排队车辆的平均长度，即排队长度与排队车辆数之比，需通过实地调查得到；

$\tau_{\max}$——红灯信号时间，对于有信号灯控制路段，取值为最大红灯信号长；对于无信号控制路段，可根据实地观测车辆在交叉口的延误确定该指标；

C——主干道路通行能力。

（3）车辆瞬时速度 v_P

$$0 \leqslant v_P \leqslant f_v \cdot v_m \tag{3-10}$$

式中：f_v——修正系数；

v_m——路段规定的限制速度。

2. 移动交通传感器行程时间和拥挤长度参数的一致性检验

在高速公路上，浮动车行程时间 t_P 和拥挤长度 l_c 参数应满足的一致性条件是：

$$\frac{l}{b_1 \cdot \frac{l_c}{l} + b_2} - k_b \cdot \sigma_b \leqslant \frac{l}{t_P} \leqslant \frac{l}{b_1 \cdot \frac{l_c}{l} + b_2} + k_b \cdot \sigma_b \tag{3-11}$$

式中：b_1，b_2 ——模型参数；

σ_b ——高速公路浮动车数据的标准偏差；

k_b ——标准偏差的修正系数。

城市主干道上，行程时间 t_P 和拥挤长度 l_c 参数应满足的一致性条件是：

$$\frac{l}{\alpha_1 \cdot \frac{N_l \cdot l_c}{C} + \alpha_2 \cdot \frac{l - l_c}{v_m} + \alpha_3} - k_\alpha \cdot \sigma_\alpha \leqslant \frac{l}{t_p} \leqslant \frac{l}{\alpha_1 \cdot \frac{N_l \cdot l_c}{C} + \alpha_2 \cdot \frac{l - l_c}{v_m} + \alpha_3} + k_\alpha \cdot \sigma_\alpha \tag{3-12}$$

式中：α_1，α_2，α_3——模型参数；

σ_α ——主干道上浮动车数据的标准偏差；

k_α ——标准偏差的修正系数；

N_l ——主干道上车道数；

C，v_m，l 如上所述。

以上各个参数的数值，在不同的国家，不同城市以及不同的道路等级和交通控制类型下取值有很大差异，在实际的数据筛选过程中，要通过实地调查来确定。

3.3.3 检测数据的错误修正

如何有效地修正错误数据一直是近年来交通工程研究人员努力研究的热点问题，错误数据的修复对于数据归档，建立数据仓库等都非常重要。通过前面对检测数据的识别，可以区分正确的检测数据和错误的检测数据，正确的数据可以直接进入到后续的数据处理过程，而对于错误的数据就要对其进行修正，对故障数据进行补充或修复的方法主要有以下两种：

1. 利用时间相关性进行修正

检测数据的时间相关性是指同一个车道或者同一个节点的检测数据在不同检测时段内的相关性，利用时间相关性对错误检测数据进行修复主要有以下几种方法：

(1) 采用最近相同时间段的历史数据进行修复。

历史数据在数据库中可以直接得到，这种方法适用于数据的离线或在线处理，当有少数数据出现故障时，可采用该方法进行处理。

（2）David 等提出一种对检测交通流量与检测时间之间关系进行回归的多项式：

$$S(t)=\beta_0+\beta_1 t+\cdots+\beta_p t^p+\varepsilon(t) \tag{3-13}$$

式中：$S(t)$ ——以 t 为自变量的交通流量函数关系式；

$\beta_0, \beta_1, \cdots, \beta_p$ ——回归系数；

$\varepsilon(t)$ ——回归函数关系式的方差。

该方法假设检测流量和检测时间存在关系，利用历史数据做出散点图确定回归多项式中参数 $\beta_0, \beta_1, \cdots, \beta_p$ 的值。这种回归多项式方法依赖于长时间的历史趋势和独立的变量，算法复杂，适用于有大量较为准确的历史数据的情况，该方法不适合数据的在线计算。

（3）采用历史数据与实测数据的加权估计值 $\hat{y}^{(k)}(t)$ 进行修复。

$\hat{y}^{(k)}(t)$ 的计算公式为：

$$\hat{y}^{(k)}(t)=\alpha\cdot y^{(k)}(t-1)+(1-\alpha)y^{(k-1)}(t) \tag{3-14}$$

式中：α ——加权系数，它体现了 $t-1$ 时段实测数据和历史数据在数据修复中所起的作用，α 越大则实测数据对修复后的数据影响越大，反之亦然；

$\hat{y}^{(k)}(t)$ ——要估计的第 k 天 t 时段的数据；

$\hat{y}^{(k)}(t-1)$ ——第 k 天 $t-1$ 时段的数据；

$\hat{y}^{(k-1)}(t)$ ——第（$k-1$）天 t 时段的数据。

这种方法采用了测数据和历史数据的加权结果，考虑到了前一时段交通状态对后一时段交通状态的影响。同时，历史数据的使用又能够减小随机波动的影响，修复处理的效果比较稳定。

（4）采用相邻时段数据的平均值 $\bar{y}(t)$ 进行修复。

$\bar{y}(t)$ 的计算公式为：

$$\bar{y}(t)=[y(t-1)+y(t+1)]/2 \tag{3-15}$$

或

$$\bar{y}(t)=[y(t-n)+y(t-n+1)+\cdots+y(t-1)]/n \tag{3-16}$$

式中：n ——计算平均值所取的数据个数。

式（3－15）中使用的是（$t-1$）段和（$t+1$）时段的数据，但当进行在线处理时无法得到（$t+1$）时段的数据，所以此式适用于模型的离线处理。式（3－16）既可以用于离线处理，也可以用于在线处理。使用时可以和式（3－15）方法联合使用，当 $t<n$ 时，使用第一种方法对数据进行处理，当 $t>n$ 时，使用式（3－16）进行处理。这种方法不需要从历史数据库中提取历史数据，计算快速并且简便。

2. 利用空间相关性进行修正

空间相关性是指不同车道或者不同节点间检测数据的相似程度，利用空间相关性修复错误数据有以下两种方法。

（1）线性插值法

利用空间相关性修正错误数据常用的方法是线性插值法，假定检测器 i 损坏，而检测器 j 和 k 完好，检测器 i 位于检测器 j 和 k 之间，以第 i 个检测器 t 时段的流量 $\hat{q}_i(t)$ 修补为例，那么：

$$\hat{q}_i(t) = \frac{(t_k - t_i)q_k(t) + (t_i - t_j)q_j(t)}{t_k - t_j} \tag{3-17}$$

该方法要求能够准确获得相邻检测数据，且相邻检测数据完好，因此不适用于长时间内连续发生错误数据的情况。

（2）线性回归法

假定线圈 i 损坏，线圈 j 为线圈 i 的相邻线圈，且线圈 j 数据完好。利用线性回归算法可以很好的估计出损坏线圈的检测数据，该方法容易实现而且计算速度快。

以流量为例，利用相邻数据正常线圈估计数据缺失线圈检测参数的算法如下：

$$q_i(t) = a + b \cdot q_j(t) \tag{3-18}$$

根据同一时段的历史数据估计模型参数 a，b，假定 $q_i(t)$，$q_j(t)$，$t = 1, 2, \cdots, n$ 为流量的历史检测值，利用线性回归方法求出系数 a，b。

$$a = \frac{\sum_{t=1}^{n} q_i(t) - b\sum_{t=1}^{n} q_j(t)}{n} = \bar{q}_i(t) - b\,\bar{q}_j(t)$$

$$b = \frac{\sum_{t=1}^{n} (q_j(t) - \bar{q}_j(t))(q_i(t) - \bar{q}_i(t))}{\sum (q_i(t) - \bar{q}_i(t))^2} = \frac{\sum q_i(t)q_j(t) - \frac{1}{n}\sum q_i(t)\sum q_j(t)}{\sum q_j^2(t) - \frac{1}{n}(\sum q_j(t))^2}$$

$$r = \frac{\sum_{t=1}^{n} (q_j(t) - \bar{q}_j(t))(q_i(t) - \bar{q}_i(t))}{\sqrt{\sum_{i=1}^{n} (q_i(t) - \bar{q}_i(t))^2 (q_j(t) - \bar{q}_j(t))^2}}$$

r 为相关系数，查询相关系数表，看相邻线圈的检测数据能否满足线性相关。

如果用损坏线圈 i 的相邻线圈去修补线圈 j 的缺失数据，每个相邻线圈都会产生一个修补结果，最后的修补结果采用中间值，而不用相邻线圈修补结果的平均值，避免了相邻线圈也损坏的情况。利用该算法，相邻线圈只要一个完好，都可以对损坏线圈的错误值进行修正，但该算法不适用于所有线圈都损坏的情况，对于所有线圈都损坏的情况，可以用别的如历史值的平均方法来修补。

3. 检测数据修复方法的适用范围

利用检测数据的时间相关性和空间相关性修复故障数据，针对数据需要修复的时间长度，每种方法的适用范围也不一样，当需要修复的数据时间长度小的时候一般用时间相关性，当需要修复的数据时间长度长的时候一般要用空间相关性，具体如下：

（1）需要修复的数据时间长度小于1分钟的时候，可以用相邻时段数据的平均值（时间相关性）。

（2）需要修复的数据时间长度为1分钟至1小时的时候，可以用相邻时段数据的平均值（时间相关性）、线性插值法（空间相关性）或者相邻地点同时段的数值回归计算（空间相关性）。

（3）需要修复的数据时间长度大于1小时的时候，可以用相邻地点同时段的数值回归计算（空间相关性），历史数据与实测数据的加权估计值（时间相关性）。

3.3.4 检测数据错误修正的流程及实例

1. 检测数据质量控制流程

检测数据的质量控制步骤分为两步：数据识别（包括数据实时监控）和错误数据的修正。

首先，对检测的数据进行实时监控，建立报警机制，根据前面表3－3的规则来判断检测器以及线路等设备是否出现故障。对检测数据进行实时监控有两个作用：一是将检查的结果反馈给交通控制系统，对出现问题的设备进行检查修复；二是选出需要进行修补的数据。

其次，对检测的数据利用交通流理论或者阈值方法进行检验，根据检查结果将数据分为三类：正确数据、丢失数据、错误数据（失真数据、异常数据）。

最后，选择错误数据和丢失数据进行修复，修复时根据数据修补的时间、现有数据和相邻数据情况分别使用不同的数据修补策略。将修补后的数据和正确的数据一起存储到数据库中，如图3－2所示。

2. 检测数据质量控制实例

利用上海市延安路高架的检测数据进行数据质量控制的应用分析，延安路高架的检测数据包括流量、速度、占有率3个检测参数，数据统计时间间隔为5分钟，分析的检测器位于南北高架西侧徐家汇路和丽园路路段上徐家汇下匝道和徐

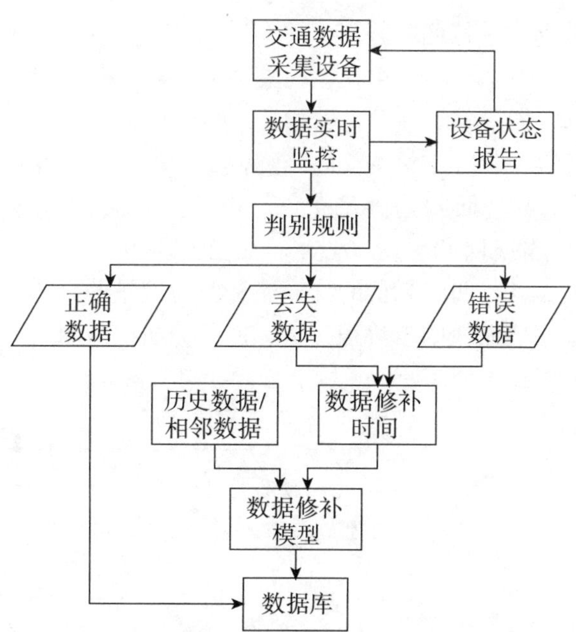

图 3 –2 检测数据质量控制流程

家汇上匝道之间，车流方向是由北向南，检测器编号是 NBXX03（1）、NBXX03（2）、NBXX03（3），检测器位置如图 3 –3 所示。

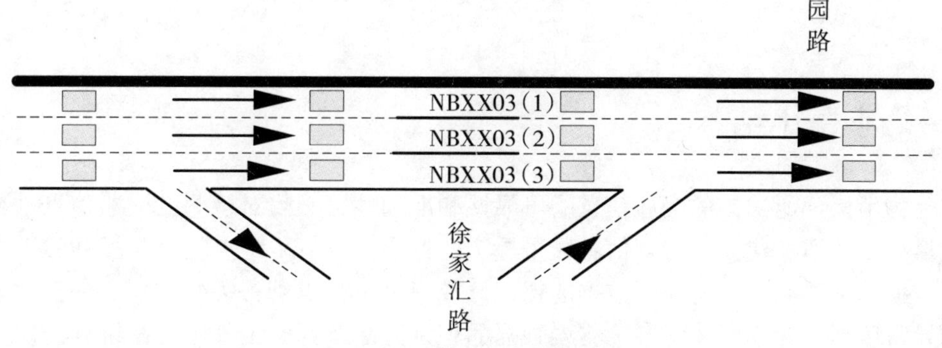

图 3 –3 检测线圈位置示意

分析时段为 2 小时（8:00 ~ 10:00），为便于直观起见，把 5 分钟的流量折算成小时流量，分析时假定 NBXX03（2）线圈在 2006 年 4 月 10 日 8:00 ~ 10:00 数据缺失，通过相邻线圈的检测数据进行回归分析，然后把回归分析的结果作为计算值，最后与真实值比较。

分析线圈 NBXX03（1）、NBXX03（2）、NBXX03（3）在 2006 年 4 月 3 日

8:00～10:00 的数据，进行回归分析：

$Q_{NBXX03(2)} = 0.87Q_{NBXX03(3)} + 406$，相关系数 $r = 0.87$；

$Q_{NBXX03(2)} = 0.82Q_{NBXX03(1)} + 334$，相关系数 $r = 0.82$

查询相关系数表，在样本量为 24，置信水平 95% 的条件下的相关系数的临界值为 0.404，以上两个回归均满足条件，由于 $Q_{NBXX03(2)}$ 与 $Q_{NBXX03(3)}$ 的相关性大，利用 $Q_{NBXX03(3)}$ 数据回归计算 $Q_{NBXX03(2)}$。把 2006 年 4 月 10 日 8:00～10:00 $Q_{NBXX03(2)}$ 通过 $Q_{NBXX03(2)}$ 回归分析的计算流量值与流量的真实值比较，如图 3－4 所示，计算值与真实值曲线的走势很接近，回归分析的效果较好。

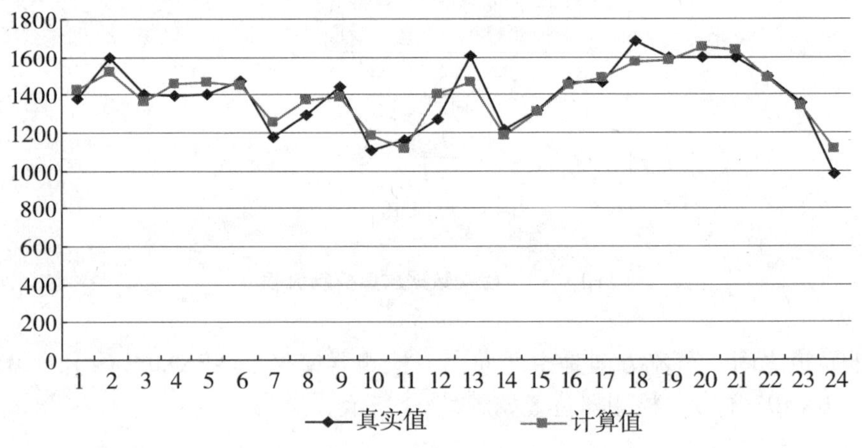

图 3－4　流量的计算值与真实值比较示意

3.4　本章小结

为了保证所采集的交通信息的可靠性和准确性，必须对检测的交通信息进行质量控制。本章建立了检测信息质量界定的标准，分析了定点检测数据和移动检测数据的错误原因，将检测数据的错误分成三类进行识别：丢失数据、失真数据和异常数据，详细阐述了各种错误数据的识别方法，开发了基于日常统计的定点数据监控算法。将错误数据的识别方法分为按时间相关性修正和按空间相关性修正，分析了数据修复方法的适应性。本章最后研究了检测数据质量控制的流程，并用实际检测数据对修正算法的有效性进行了验证。

4 ATIS 交通信息融合的模型和结构研究

4.1 数据融合的基本内容

4.1.1 数据融合的原理

随着科学技术的发展，特别是计算机技术、传感器技术、信号处理技术的发展，使得多传感器数据融合技术已经发展成为一门新的学科领域和研究方向。多传感器数据融合的基本原理就像人脑综合处理信息一样，人的眼睛、舌头、鼻子、耳朵、四肢实际上就分别是人的视觉、嗅觉、听觉、触觉传感器，人脑通过对视觉、听觉、嗅觉、触觉信息综合处理的过程就是人脑对人的各种传感信息进行综合处理的过程。例如：一个人到一个黑暗的房间里去取一个带有异味的闹钟，他进屋后要尽量的看，要拼命的听，要用手去触摸，要用鼻子去闻，去确定闹钟的方向和位置。人脑对闹钟的定位，就是通过各种信息综合处理而成。又如“望、闻、问、切”是中医诊断疾病的传统方法，医生运用这四种手段来收集疾病的症状，通过归纳分析，就可以了解疾病的成因、病变的部位等，这种病情的诊断过程实际上也是医生对不同方式的诊断信息进行综合判断的过程。

数据融合的基本原理就是利用多个传感器资源，通过对多个传感器信息的综合处理，去除冗余、克服歧义，进而得到更全面、更准确、更可靠的信息，获得对被观测对象的一致性的解释或描述。数据融合目的就是通过数据组合而不是出现在输入信息中的任何个别元素，推导出更多的信息，得到最佳协同作用的结果，即利用多个传感器共同或联系操作的优势，提高传感器系统的有效性，减少单个或少量传感器的局限性。

4.1.2 数据融合的概念

数据融合最初是应用于军事领域，但近十几年来，尤其是海湾战争以后，随着多传感器信息技术获得了普遍的关注和广泛应用，这门学科每年都在以大量的新成果丰富自己，获得越来越多的内容，融合一词几乎无限制地被众多领域所应用。由于数据融合研究领域的广泛性和多样性，要给出数据融合这门学科的一般概念是非常困难的。

已经给出的数据融合的概念都带有功能性，美国国防部联合指导实验室从军事应用的领域把数据融合定义为这样一个过程：把来自许多传感器和信息源的数据和信息加以联合、相关和组合，以获得精确的位置估计和身份估计，以及对站场情况和威胁及其重要程度进行适时的完整评价。这一定义涵盖了数据融合期望达到的功能，包括低层次的位置和身份估计和高层次的态势评估和威胁估计。

Edward Waltz 和 James Llinas 对上述定义进行了修改和补充，用状态估计代替位置估计，并加上了检测的功能，从而给出了如下定义：数据融合是一种多层次的，多方面的处理过程，这个过程是对多源数据进行检测、结合、相关、估计和组合以达到精确的状态估计和身份估计，以及完整、及时的态势评估和威胁估计。

1. 数据关联

多传感器数据融合的关键技术之一就是多源数据关联问题，也是多传感器数据融合的核心部分。所谓数据关联，就是把来自一个或多个传感器的观测或点迹与已知或确认的航迹归并到一起，使他们分别属于某个事件的集合，即保证每个事件集合所包含的观测来自同一个实体的概率较大。具体地说，就是要把每批目标的点迹与数据库中各自的航迹配对。因为空间的目标较多，不能将他们配错。

2. 状态估计

状态估计主要是指对目标的位置和速度的估计。位置估计包括距离、方位和高度或仰角的估计，速度估计除速度之外，还有加速度估计。要完成上述估计，在多目标的情况下，首先必须实现对目标的过滤、跟踪，形成航迹。

3. 身份估计

身份估计就是要利用多传感器，通过某些算法实现对目标的分类和识别，最后给出目标的类型，如目标的大小或具体类型等。如一个小目标如果有 100m 以下的飞行高度和 3Ma 以上的速度，就可以判定该目标为巡航导弹。

4. 势态评估和威胁估计

势态评估是对战场上敌、我、友三方战斗力分配情况的综合评价过程，它是信息融合和军事自动化指挥系统的重要组成部分。作为战场信息提取和处理的最高形式，势态评估和威胁估计是指挥员了解战场上敌我双方兵力对比、武器配备、敌方对我方威胁程度和等级的重要手段，是指挥员决策的主要信息源。

威胁估计是在势态评估的基础上，综合敌方的破坏力、机动能力、运动模式及行为企图的先验知识，得到敌方的战术含义，估计出事件出现的程度和严重性，并对敌方的作战意图做出指示与警告。

4.1.3 数据融合的层次与方法

信息融合技术研究如何加工、联合来自众多信息源的信息，并使不同形式的信息相互补充，为各种模型方法和各领域的专家服务，使其信息量得到最大限度地发挥。按信息抽象程度不同，融合可分为三个层次：数据层融合、特征层融合和决策层融合。

1. 数据层融合

原始数据融合是在采集到的原始信息层上进行融合，在各种信息源的原始数据未经预处理之前，就进行信息的综合和分析。它的优点是保持了尽可能多的信息，缺点是处理的信息量大，所需的处理时间长，实时性差，如图 4－1 所示。

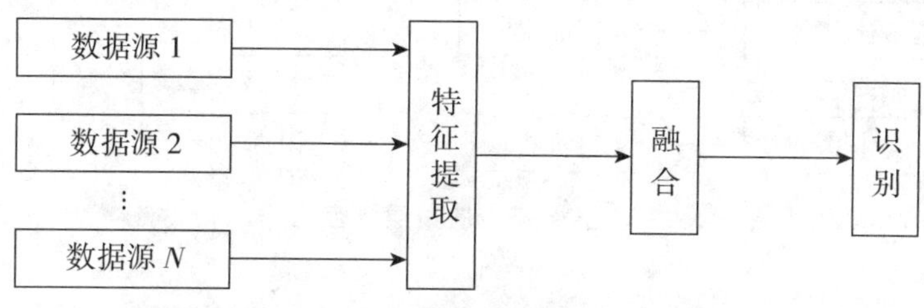

图 4－1　数据层融合

2. 特征层融合

特征层融合属于中间层次，利用对来自传感器的原始信息进行特征提取，然后对特征信息进行综合分析和处理。它的优点在于实现了信息压缩，有利于实时处理，并且由于所提取的特征直接与决策分析有关，因而融合结果能最大限度地给出决策分析所需要的特征信息。

特征层融合如图 4－2 所示，每种传感器提供从观测数据中提取的有代表性的特征，这些特征融合成单一的特征向量，然后运用模式识别的方法进行处理。这种方法可以有效地剔除原始信号中的冗余信息，减少不必要的信息处理过程，保留反映对象本质的特征信息，而且该方式对剔除原始信号中的噪声也有一定作用。

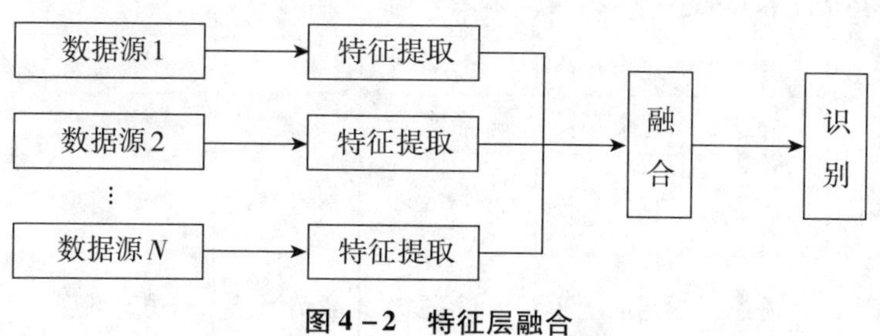

图 4－2　特征层融合

3. 决策层融合

决策级信息融合是在高层次进行的，融合的结果为指挥控制决策提供依据。因此，决策级融合必须从具体决策问题的需求出发，充分利用目标级融合所提取的各类特征信息，采用适宜的融合技术将多个传感器的识别结果进行融合，如图 4 –3 所示。

决策级融合是三级融合的最终结果，直接面对决策目标，融合结果直接影响决策水平。此外，决策级融合能在一个或几个信息源失效的情况下继续工作，所以具有容错性。

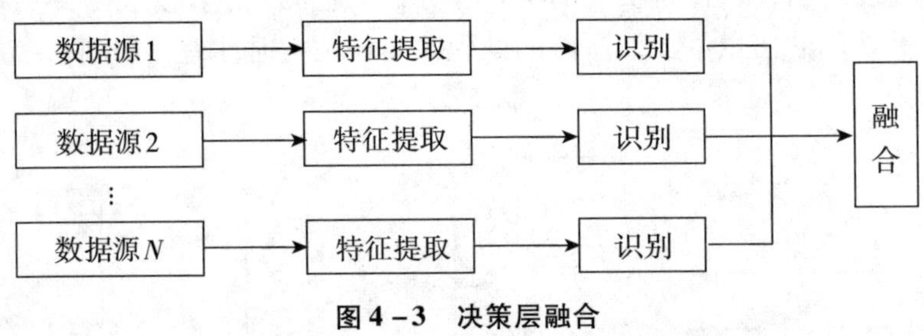

图 4 –3　决策层融合

根据不同的应用目的，数据融合可考虑采用以下的方法：

直接对数据源操作：如加权平均、神经元网络等；利用对象的统计特性和概率模型进行操作：如卡尔曼滤波、贝叶斯估计、统计决策理论等；基于规则推理的方法：如模糊推理、证据推理、产生式规则等。各种常用的数据融合方法及其特点比较如表 4 –1 所示。

表 4 –1　常用数据融合方法比较

融合方法	运行环境	信息类型	信息表示	不确定性	融合技术	适用范围
加权平均	动态	冗余	原始读数值		加权平均	低层数据融合
卡尔曼滤波	动态	冗余	概率分布	高斯噪声	系统模型滤波	
贝叶斯估计	静态	冗余	概率分布	高斯噪声	贝叶斯估计	高层数据融合
统计决策理论	静态	冗余	概率分布	累加噪声	极值决策	
证据推理	静态	冗余互补	命题		逻辑推理	
模糊推理	静态	冗余互补	命题	隶属度	逻辑推理	
神经元网络	动、静态	冗余互补	神经元输入	学习误差	神经元网络	低/高层数据融合
产生式规则	静态	冗余互补	命题	置信因子	逻辑推理	高层数据融合

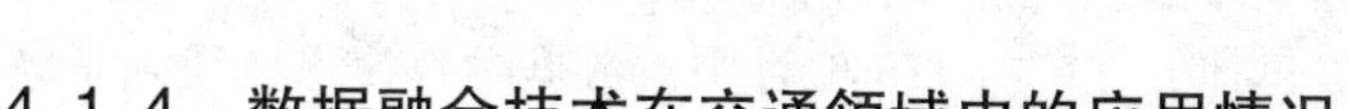

4.1.4 数据融合技术在交通领域中的应用情况

数据融合技术最先应用于军事领域，但随着科学技术的发展，数据融合在许多非军事领域也有着非常广泛的用途，这些领域包括：智能检测系统、工业过程监视、工业机器人、全局监视、空中交通管制。相比数据融合在其他一些主要领域的应用，在交通领域尤其是智能交通领域，数据融合技术研究开展的比较晚，相关的研究成果和文献都非常有限。

在交通领域可将数据融合技术定义为：一个处理探测、互联、相关、估计以及组合多源信息和数据的多层次、多方面的过程，以便获得准确的车辆状态和身份估计，并将相关信息用于交通管理的决策支持。实际上数据融合的概念都具有一定功能性，就数据融合的目的来说都是一样，但融合的功能不一样，服务的对象也不一样。为此，可以将交通领域的数据融合技术理解为：对多源交通数据进行综合处理，得到更为准确、可靠的信息为实现交通功能服务。

随着交通检测技术的发展和实施，各个城市都积累了海量的交通数据，这些数据来源于定点检测和浮动车采集方式等。因此，如何利用信息融合与数据挖掘技术对交通数据进行处理，组合多源数据获取更为可靠的交通信息有着广阔的应用前景。各国的交通学者和政府部门都认识到了交通信息融合和组织管理的重要性，使得该领域的研究和技术开发成为一个热点，数据融合技术在交通领域主要应用于以下几个方面：

（1）车辆定位中的应用。通过多源数据获取车辆所在位置信息。

（2）车辆跟踪中的应用。通过对多源数据源获取的车辆信息的融合处理对车辆行驶轨迹加以识别。

（3）车辆导航中的应用。根据对车辆行驶轨迹的确认，并以现有道路网、车速、现状路网交通流参数、未来路网交通流状态参数估计等作为必要的边界条件来实现实时的车辆导航。

（4）交通管制中的应用。通过交通检测器获取相关的交通流信息，并由交通管制中心承担数据处理任务，随着交通量的增加将要求运用数据融合技术来使图像形成自动化，从而提高管制效率。

（5）先进的交通信息系统中的应用。数据融合技术主要应用于先进的交通信息系统中交通事件的检测和基础交通信息中减少估计误差两个方面。融合多源交通数据如定点数据和浮动车数据，提高事件检测以及基础交通信息估计的准确性。

在智能交通领域国外很早就开展了数据融合技术的应用研究，并在一些交通

系统中成功实施，国外交通领域数据融合的研究情况见表 4－2。国内 ITS 领域的研究虽然起步较晚，但进展迅速，在一些 ITS 项目中，数据融合技术也得到了应用。“十五”期间，国家科技部将“智能交通系统关键技术开发和示范工程”项目作为一项重大攻关项目列入国家科技攻关计划，其中，很重要的一项研究就是“基础交通信息采集与融合技术研究”，由吉林大学主持研究。同济大学主持完成的“深圳城市交通仿真系统”，实现了定点检测数据与浮动车检测数据的融合。全国智能交通系统协调指导小组于 2003 年 4 月在杭州召开了“全国智能交通系统交通信息采集与融合技术研讨会”。

表 4－2　　数据融合技术在国外交通领域的应用情况

项目名称（应用范围）	国家（地区）	融合方法	应用目的
ADVANCE	美国芝加哥	卡尔曼滤波 神经网络 专家系统 模糊逻辑	预测未来交通状况 当前与历史交通状态模式匹配 识别非正常交通状态 量化交通状态
PROMETHEUS	欧洲	卡尔曼滤波 专家系统 神经网络	构建四维位置估计 分解驾驶任务 为驾驶子任务分配神经网
Brainmaker	美国得克萨斯 A&M	神经网络	当前与历史交通状态模式匹配
EGHLC	美国普林斯顿大学	卡尔曼滤波 贝叶斯方法 专家系统	车辆位置决策 解决交通不确定性 建立最劣情况决策模型
Pathfinder	美国洛杉矶	模糊逻辑	量化交通状态
TravTek	美国奥兰多	模糊逻辑	量化交通状态
DRIVE	欧洲	专家系统 神经网络	分解驾驶任务 为驾驶子任务分配神经网
PRODYN	法国	卡尔曼滤波 贝叶斯方法	估计交通变化规律，估计交通状态参数
自动导航车辆应用	英国	D－S 证据推理	决定交通环境状态

4.2 ATIS 数据融合技术研究

正如第2章中提到的，先进的交通信息系统（ATIS）主要为出行者服务，但先进的交通信息系统的服务对象已不局限于出行者，交通管理部门、交通工程科研人员也成为先进的交通信息系统的服务对象。利用先进的信息化技术和信息资源提升交通运输水平，实现交通信息化的系统便是先进的交通信息系统。在本节主要是探讨先进的交通信息系统中数据融合的必要性，并对先进的交通信息系统数据融合的流程，融合的实施、融合后的数据质量评价做一些宏观层面上的研究和探讨。

4.2.1 ATIS 交通数据融合的必要性

1. 交通数据具有多源性、异构性、多样性

交通信息的多源性是指交通信息的来源和种类不同。不同的信息来源于不同的系统，这些系统包括交通信息采集系统、交通监控系统、事件管理系统、交通诱导系统、停车管理系统、收费管理系统、运营调度系统等；按照交通系统涉及的层次不同，可以分为规划类、建设类、管理类等信息；按照交通信息要素本身来划分可以分为人的信息、车的信息、道路交通流等信息。

交通信息的异构性是指不同数据源的交通数据的表现形式、存储格式和详细程度不同。就交通数据的表示形式而言既有数值的，也有逻辑符号的；就存储格式而言不同的交通信息来源于不同的系统和平台，数据在传输时存在接口标准不统一，数据存储格式各异的局面；由于交通数据采集工具的性能不一样，导致交通数据的详细程度也不一样。

交通信息的多样性是指不同的数据采集系统能提供数据、文字、图形、图像等多样的交通信息。如基于浮动车的交通信息采集系统能提供路网车速的数据、图形信息；交通监控系统能提供路段交通流的图像信息。

针对交通数据的多源性，必须采用融合技术将不同来源的交通信息优势互补，保证信息的正确性、时效性和一致性，提高信息的可靠度；针对交通数据的异构性和多样性，必须制定统一的交通信息采集标准，采用数据融合技术将不一致甚至相互矛盾的交通信息转化成对目标或现象一致性的解释和描述。

2. 交通数据具有时间和空间分布特征

不同的交通系统对交通数据的时间特征要求各异，交通监控系统只关注现状数据；而交通规划决策支持系统不仅要关心现状数据，还要结合历史数据。不同的交通信息检测方式所获取的交通数据的空间特性不同，通过定点数据采集方式可以获取点上的交通信息，如流量、占有率、车速等数据；通过浮动车

采集方式可以获取路网上行程车速、行程时间、OD 等交通信息。为了提高交通数据在时间和空间上的连续性和完整性，对采集的交通数据实施数据融合是十分必要的。

数据融合可以扩展系统处理数据的空间覆盖范围：由于多个传感器在空间上的交叠，扩展了系统空间覆盖范围。同时由于多个传感器可以从不同的角度、不同的环境、不同的层次及不同的分辨率来观察同一个对象，得到的关于被检测对象的描述更加充分。

数据融合可以扩展系统的时间覆盖范围：信息融合技术可以综合利用不同时段的检测信息，如在交通参数的估计中可以将历史数据与实时数据相结合，使用合理的融合算法，得到更加准确的估计信息；另外，当某些传感器不能工作时，其他传感器仍能保持继续探测，如可见光传感器和红外传感器就可在白天和夜晚分时工作。

3. 先进的交通信息系统性能优化的需要

(1) 利用数据融合技术，可以减小因为环境的突然变化对系统性能的影响，提高系统的稳定性，使系统对环境变化有很强的适应性。

(2) 利用数据融合技术，采用多个传感器对交通信息进行检测、判断、推理等运算，减小系统的信息模糊程度，降低系统的不确定性，提高交通系统的检测性能。

(3) 利用融合技术对检测系统采集来的数据进行辨别、抽取和处理，就会减少数据的累赘、冗余，提高数据处理系统的性能和有效性。

(4) 利用数据融合技术整合交通系统，使各种普通探测设备优势互补，可以用比较低廉的成本获得比仅采用单一的、高可靠性、高成本的传感器同样的效果，降低系统成本。

(5) 利用数据融合技术可以提高交通信息中心与各级下属中心之间、同级交通信息中心之间的数据交换以及信息中心与设备之间数据交换的效率，从而提高先进的交通信息系统的运营效率。

4.2.2 ATIS 交通数据融合的流程

交通数据融合的处理对象是多源交通数据，数据融合过程实际上也是数据的处理过程，借鉴交通数据的采集、处理过程并结合数据融合的实际，先进的交通信息系统数据融合过程可以表述如下：

(1) 交通信息的采集。利用多种交通信息采集方式获取原始的交通数据，将原始数据进行格式转换，并存储在各自的原始数据库中。

(2) 交通信息的预处理。对采集的原始交通数据进行预处理，使获取的同源数据有较高的可信度。如利用环形线圈采集数据时，容易发生数据缺失、数据

异常等现象，利用数据预处理方法对数据进行修复，使预处理后数据的准确性和完整性能满足融合要求。

（3）交通信息的相关处理。交通信息的相关处理主要是未进行数据融合前，利用各种算法对交通数据进行处理，初步获取高层次的交通信息，并分析原始的交通数据和处理后信息之间的关系，为下一步的融合奠定基础。如利用定点检测方式获取的流量、占有率等检测数据应用相关的算法可以获取路段上交通事件信息，这就是交通信息的相关处理过程，目的是通过流量、占有率等检测数据获取高层次的交通事件信息。而通过定点数据能在多大程度上准确判断交通事件的发生，从而决定定点检测数据是否与其他来源数据融合，也是相关处理过程考虑的重点。

（4）交通信息的融合处理。进行交通信息融合时，一般对不同信息源的信息进行验证分析、补充综合、协调修改及估计，最终获取对融合后信息一致性描述。如利用定点采集的流量、占有率等点上的数据，再结合浮动车采集的行程车速等路段上的数据可以提高交通事件判断的准确率。

（5）建立工作信息库。对交通信息融合后的结果进行分析、存储，生成工作信息库，供交通模型和各领域的专家分析使用，同时也为在以后交通信息不完备的情况下，方便随时调用、查看工作信息库中的信息。从融合的角度来说，工作信息库中的信息也可以作为一种信息来源，与其他信息进行融合。

4.2.3 ATIS 交通数据融合的模型

建立交通数据融合模型的目的就是为了向从事交通信息融合研究的个人和团队提供一个通用的功能模型，这个功能模型起着一个“纽带”的作用。通过这条“纽带”从事交通信息融合的人员就容易实现跨学科的交流和合作，继而实现跨学科的比较和继承，提高交通信息融合研究的通用性和扩展性，为了实现这个目的，建立的交通信息融合模型必须便于理解。

参照张汝华，杨晓光，严海关于交通信息层次的划分，把交通信息的融合划分为四个层次：数据层融合、特征层融合、状态层融合、决策层融合，如表4－3所示。

相比数据融合的三个层次而言，这四个层次是数据融合在先进的交通信息系统研究环境下的改进版。进行修改有两方面的理由：首先，通用模型层次要与交通领域的相关原则和实践一致；其次，通用模型是一个在融合研究和开发领域得到广泛应用的模型，它给出的是一个多级的、一般的框架，因而允许根据具体需求对其层次进一步改进、细化。

表 4 – 3　　交通信息的融合层次

融合层次	融合目的	融合的信息层次
数据层融合	在采集到的原始数据层上进行的融合，在原始采集数据未经预处理之前就进行数据的综合与分析	基础数据层上的融合，如道路数据、交通流数据、控制诱导数据、规划管理数据等，其中交通流数据包括流量、流向、速度、密度、占有率、车头时距、通行能力、排队、行程时间、饱和度、延误、停车率等
特征层融合	用于发现交通目标，识别交通现象、事件等	在数据层基础上的分类、概括、提炼、抽象和综合，描述事物或现象不同侧面、不同时空的特性，用于发现交通目标、现象、事件等。如行人车辆的有无、关系比例、是否发生拥堵、事故、环境异常等
状态层融合	对不同来源的交通原始数据进行特征提取，比较信息的准确性、实时性等，综合分析和处理获取交通运行状态分析、交通事件的影响程度等状态信息	交通状态分析、事件影响预测，如运行质量评定、发展趋势、事件的严重程度、涉及范围、演变过程等，在很大程度上是客观态势在主观世界接受程度或容忍度的反映
决策层融合	从具体决策问题的需求出发，充分利用检测器对每个目标做出识别，再对各自得到的识别结果进行融合以获得整体一致的决策	基于对交通状态的分析认识和可调用的资源，所决定的行动方案，如交通改善方案、交通管理方案、信号控制方案、交通诱导方案、紧急救援方案、拥堵疏导方案、灾害保障方案等

结合交通信息融合层次的划分并考虑到数据融合过程的提炼，建立如图4 – 4所示的面向先进的交通信息系统应用的信息融合模型，由于数据层融合在数据预处理前完成，而且层次较低，在 ATIS 数据融合模型中没有考虑。

先进的交通信息数据融合模型描述了数据融合的主要过程，即数据源预处理、目标评价、状态评价、影响评价、数据融合过程的提炼。模型右侧的外部界面则为人机交互和融合结果的发布提供了界面。融合后的信息可以通过电视、广播、网络服务、掌上电脑等发布。同时，人机界面还为管理者提供了一个查询数据融合模型结果、监控和评价系统性能的功能。

在 ATIS 数据融合模型中典型的数据源包括道路上的定点数据（环形线圈、红外或微波检测器等）、浮动车数据、交通控制系统数据和历史数据库。此外，ATIS 系统的数据融合模型还支持道路信息（几何形状、拓扑结构等）、用户信息等静态数据，这些信息的广度和深度取决于系统功能和用户特定需求。为了满足

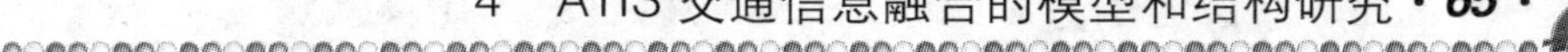

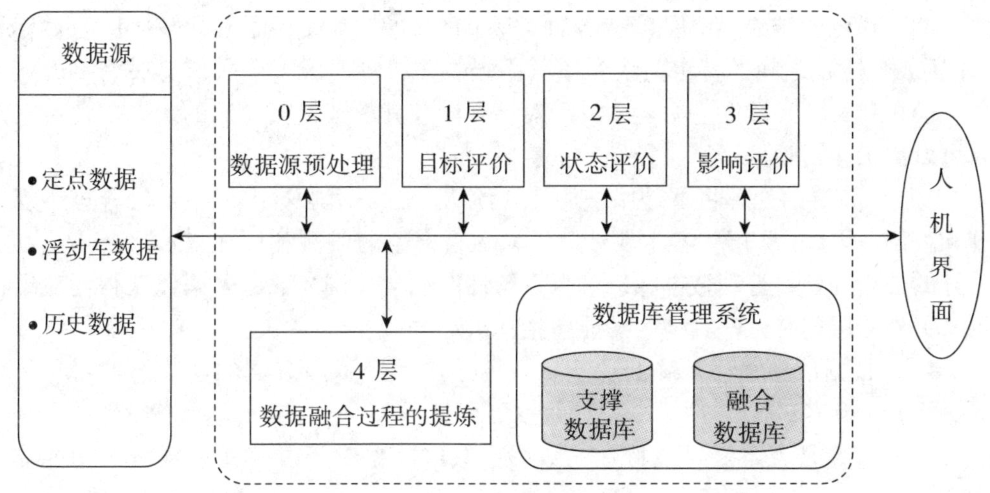

图 4－4 ATIS 数据融合模型

系统的目标，各个层次的交通信息的融合应该满足以下功能：

0 层：在 ATIS 中信息采集方式的精度要求或规范都是由整个系统的目标确定的。影响信息精度的因素有很多，如检测器的选型、检测器布置情况（偏移、高度）、检测器的工作条件（气候、照明等）、检测器的保养和维护情况。ATIS 数据融合模型中的 0 层就是对不同来源的数据进行预处理，包括异常数据的检测、错误数据的修正、丢失数据的弥补等过程。同时 0 层主要功能还包括数据的格式化和标准化，同时还对数据入库的顺序和数据库的功能加以管理，如数据的传输、存储及处理等，以确保输入的数据在同一时间能满足下一层的需要。

1 层：该层主要包括对象识别和对象的状态估计或它的“轨迹”的处理，对象识别和状态估计可同步进行。在处理的过程中，通常会遇到一些不确定的因素，因此会采用一定的技术来改善估计过程的质量。如利用浮动车来估计路网车速时，为了提高车速估计的准确性，需要采用技术提高 GPS 数据与地图匹配的精度。当信息的分类及可靠性很高时，则不需要进行太多的处理就可以达到最优识别或估计。

2 层：将 1 层的处理结果和其他数据源的信息进行融合，可以采用人机交互或数据库的方式进行，这里的其他数据源包括：关键路段的历史交通数据、GIS 网络数据、气象数据等。2 层的融合过程将在相关模型的基础上估计和预测系统的状态，如道路拥挤程度、网络上的出行时间、类似系统的状态参量等。2 层的主要功能是对对象、行为和事件进行聚合。

3 层：该层的处理是 2 层的一个子集，评价的重点是与指定事件或行为相关的可能性和可能结果。2 层包括各种关系的估计和预测，而 3 层包括特定目标（车辆或个体）之间的特定关系和环境。例如 3 层将评价多个区域交通网络的交通流模式和某个区域发生交通事故后对该区域及其他区域交通流的影响，评价结果可以用来为驾驶员提供路径导航信息。

4 层：该层的处理将不是用来估计和预测，而是用来对数据融合过程进行规划和控制。因此，4 层内容主要涉及信息融合模型的监测和评估、对融合算法和估计的细化处理、管理数据库以确保系统性能优化、调节数据采集以获得优化结果。另外 4 层还有一些其他的功能包括：

（1）根据信息融合系统的功能和目标给出系统资源分配的建议，如对出行者进行行驶路径诱导。

（2）确定是否需要寻找特殊的数据，这些数据对于改善融合系统的功能非常有帮助。

（3）采用高级数据库管理技术，这些技术能提供监控、评估、升级、清除、修补、检索、替代等数据处理功能。

（4）对全局进行优化，如对交通信息采集点、数据的兼容性、系统的同步性进行优化整合。

前面三个层次（即 1、2、3 层次）之间的相互关系如图 4 -5 所示。在图 4 -5关系图中，传感器包括采集实时交通量数据的感应线圈、视频检测设备等。0 层的数据处理可以同时或在不同的时间加以处理，处理的方式可以是集中式的，也可以是分布式和混合式。各类传感器数据在 1 层中进行关联处理分析，以确定目标的特性，如果需要的话，提供目标的状态估计和预测。一旦目标特性和状态估计完成，目标将进入 2 层和 3 层的处理。数据关联实际上是为目标的识别和估计做准备的，实际融合在识别和估计以及影响评价中进行，越往高层融合，输出的结果越抽象。

4.2.4 ATIS 数据融合的结构

从 ATIS 检测信息与信息中心的关系，可以将 ATIS 融合的体系结构分为：集中式、分布式、混合式 。集中式系统就是从所有传感器平台获得数据并在中心融合，处理完成的数据保存在中心，并传送下一级分中心。分布式系统则是在各分中心从所辖传感器收到数据并进行融合处理，记录保存在分中心，再将部分相关数据上报总控制中心。混合式既有集中过程又有分布过程，主要分为两种：第一种，多个传感器的结果被同时接收，总中心和分中心各有侧重对数据同时进行分析处理，分中心处理结果进一步上报总中心，总中心数据又供分中心参照；第二种，传感器数据在各分中心处理，分中心承担相对单一的数

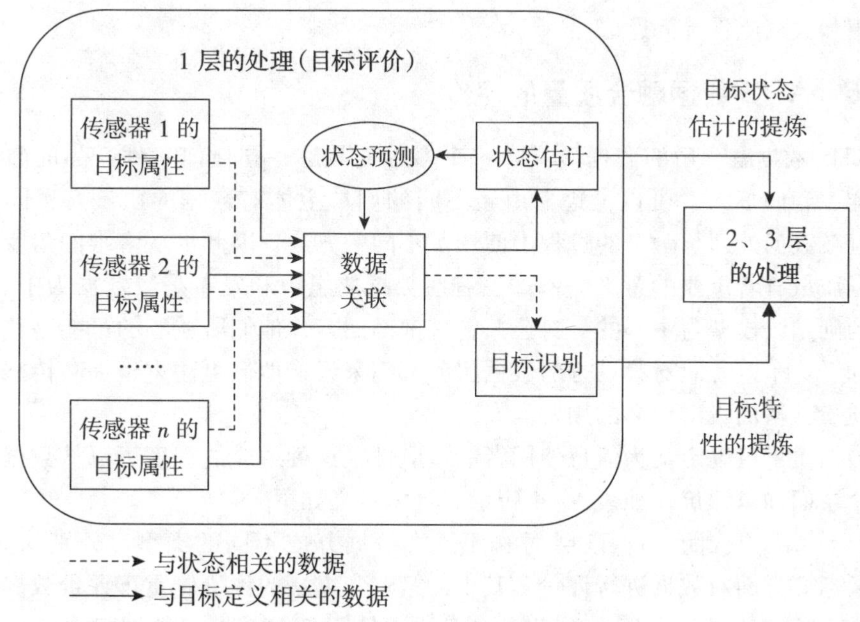

图 4－5 数据融合过程的相互关系

据融合任务，分中心之间可以共享数据，总中心负责汇总融合。集中式结构对所有信息集中处理，能够提供最高程度的精确度，而且便于设备的集中使用和管理，费用较低，但大容量的数据会增加处理时间和复杂程度。分布式结构系统相对稳定，但数据的实时性会由于分中心之间的数据交换产生延误。混合式介于两者之间，各有利弊。

几乎所有的 ATIS 信息融合结构都采用分布式体系结构，有三个方面的理由；单一机构和组织无法拥有支持 ATIS 用户需求的全部数据；分布式体系结构采用分布式数据库支持分布式计算，有利于资源共享，实施费用专门化，特定情况下，还可减少系统冗余；与从分布式体系结构得到的效益相比，通信网络连接性和性能（速度、精度和安全性）及关联费用都可以接受。

分布式计算的解决办法就是采用客户——服务器和分层结构，然后通过中间件提供连接和管理接口。企业数据库的应用实践催生了数据仓库概念，企业数据都存放在数据仓库，可通过很多应用软件访问数据。数据集市作为数据库仓库的子集，通常用作特定目的。信息融合运算可包含多个数据集市间的并行交互，通过特定融合算法，获得更快的访问和处理速度。

随着分布式结构和客户——服务器结构的增加，数据管理问题日益显现。比如，信息融合的分布式数据库管理要求分布式数据库之间具有良好的连接性能。

由此，中间件技术得到增长，以解决接口问题，如接口标准、访问优先级、源数据使用和数据质量等问题。

4.2.5 ATIS数据融合质量的评价

ATIS数据融合后的数据质量是一个多维的问题，同任何一件产品的质量评价一样，有许多因素可以考虑。由于不同的用户主体对数据的质量有不同的要求，且在数据处理与融合的过程中使用了不同的方法，因此，从多维的角度去评价数据质量有着重要的意义。例如，有些数据的组织和发布是以数据为中心的，而有的则是以模型为中心的。对公共管理部门而言，他们所关心的可能是整个路网上的平均车速，而对第三方的数据服务部门来说，他们更注重于提高传感器数据的质量，从而吸引更多的用户。

数据质量可以定义为信息使用者的适应性，这种适应的程度可以从数据质量的五个层面加以评价，如表4-4所示。具体定义如下：

（1）系统规划层面：该层面的评价将数据分成不同的类型，分别从策略、方法及运算方面对数据进行评价。其中，策略和方法的评价侧重于评价数据能否支持整个系统功能的发挥，而运算方面的评价则考虑数据对数据融合模型的适应性。

（2）功能层面：该层面的评价在数据质量的评价中最为常见，主要评价数据能否实现各种基本的数据处理功能，如数据的相关性检验、数据的分类与预测等。

（3）应用系统层面：该层面的评价将结合具体的应用系统和数据模型，评价数据能否符合具体系统的需求。

（4）数据处理层面：该层面的评价侧重于评价数据管理系统对多层次、多源异构数据的处理能力，通常先评价数据模型对数据的识别能力，进而评价数据的质量。

（5）时间层面：数据的定义、体系结构、处理过程、应用的层次和政策都会因时间的变化而发生改变，因此，按照时间的推进对数据加以评价对于确保未来系统正常使用有着重要的意义。

表4-4　　数据质量的分类、指标及评价的技术

数据质量的分类	数据质量评价的指标	评价的技术或层面
数据本身的价值/质量	数据精度、客观性、可信度	系统规划层面 功能层面

续　表

数据质量的分类	数据质量评价的指标	评价的技术或层面
数据的整体质量	相关性、及时性、完备性、信息量、增值价值	应用系统层面 数据处理层面 时间层面
数据表达的质量	可读性、便于理解性、准确性、一致性、易操作性	功能层面
数据模型	精确性、数据的粒度、全面性、成熟度、一致性	功能层面 应用系统层面
信息政策	可获取性、访问的安全性、信息的归属、元数据、冗余度、成本	系统规划层面

对于上述五个层面的数据质量，可以选用相应的指标加以分析和评价，表 4－4对相应的评价指标和技术进行了总结。数据自身质量和整体质量的评价有很多方法，一般包括识别和修正两个方面。识别的目的是为了找到或剔除丢失的数据、不一致的数据、重复的数据或误差较大的数据。错误数据的修正通常在整个数据集中采用相应的方法来完成，关于数据尤其动态数据的识别和修正方法在本书第 3 章中已有详细阐述。

4.2.6　ATIS 数据融合系统的设计和开发

参考常用的信息系统的设计顺序：需求设计—功能设计—物理设计—系统评价。ATIS 融合系统的设计可以分为以下五个阶段（见图 4－6）：

（1）定义任务需求，即按照融合系统的需要以规格说明书形式定义系统的任务需求。

（2）确定功能需求，即首先把融合系统所要求的性能分配给各个功能，然后再把各个功能指派给系统的实际组成部分。

（3）传感器需求分析，即根据现有的传感器技术和传感器性能初步选择合适的传感器组，供融合系统后续设计分析选择。

（4）子系统设计，即根据初步选择的传感器组进行系统的功能设计，首要任务是详细说明子系统物理设计必须满足的传感器功能需求、处理功能需求、通信功能需求以及显示功能需求，并利用硬件或软件实现各种功能。

（5）系统综合，即把各种需求分配给实际的硬件和软件，并进一步在硬件和软件之间进行功能需求划分，即确定功能需求是用硬件实现还是软件实现，并在两者之间建立新的界面需求，然后将传感器通信、处理及显示的硬件设计或软

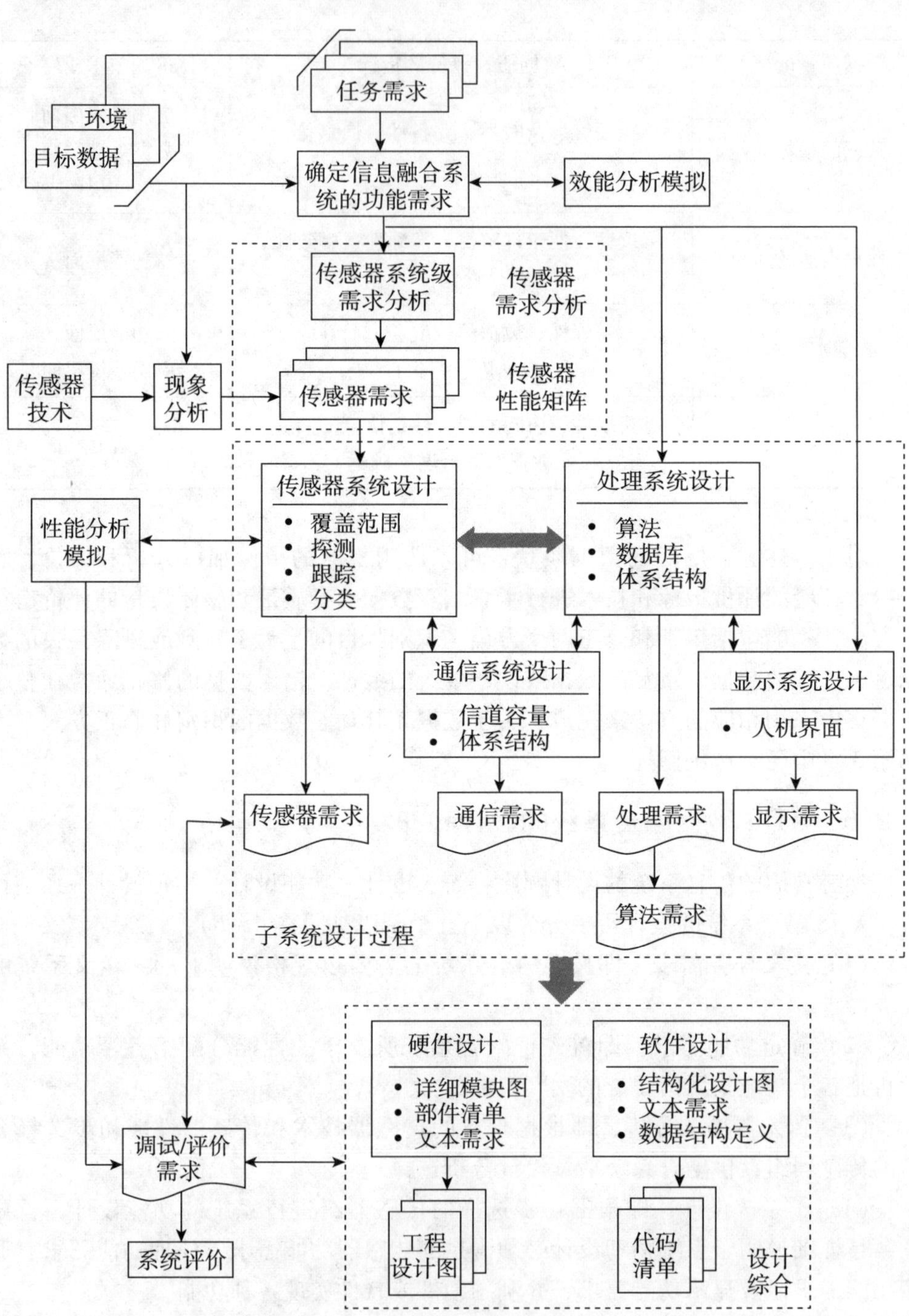

图 4-6　ATIS 融合系统的设计流程

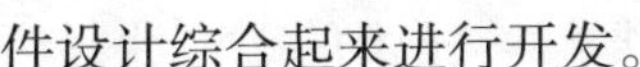

件设计综合起来进行开发。

从融合系统应用的角度来看，设计的 ATIS 数据融合的系统应该满足下列条件：

（1）ATIS 数据融合系统产品应具有良好的可实施性和易管理性，系统实施的风险较低，易于操作，便于管理。

（2）ATIS 数据融合系统产品应具备良好的扩展性，能够适应用户的深层次需求，为系统的扩展预留空间。

（3）ATIS 数据融合系统的实施应尽量减少系统实施总的集成工作，减少系统支持和维护的复杂性。

（4）ATIS 数据融合系统应该能够与其他交通系统集成，实现数据的共享和融合，并在其基础上建立数据融合系统。

（5）ATIS 数据融合系统产品应具有开放式的构架，能够支持多种数据库和客户端访问工具。

ATIS 融合系统要尽可能与智能交通的其他系统联系和开发，一旦在智能交通中定义了 ATIS 信息融合的功能，从 ATIS 信息融合系统开发需求的角度，为了开发 ATIS 信息融合系统，必须满足以下条件：

（1）系统的开发人员必须对系统中交通信息的需求和容量有个整体判断；对实现数据融合的各种算法有着丰富的实际和实施经验。

（2）系统的用户必须对系统的性能、容量、运行环境乃至系统中的一些参数如信息的精确程度进行选择。

（3）系统的开发必须有系统工程师，系统工程师可以对各种交通资源、信息还有各个系统进行整合，保证与其他系统的协同性，在系统集成方面提供帮助。

（4）系统的所有者，系统的需求者主要是解决系统开发过程中费用、进度、质量关系问题。

（5）系统的测试人员，系统的测试人员主要负责对系统的监督和管理，及时发现系统中存在的问题，并将信息反馈给系统的开发人员和系统所有者，以便于对系统进行整改、完善。

4.3 本章小结

本章首先介绍了数据融合的原理、数据融合的概念以及数据融合的层次和方法，总结了国内外交通领域数据融合技术的应用情况，然后对数据融合技术在先进的交通信息系统中的应用进行了宏观层面上的研究。从交通数据具有多源性、异构性、多样性，交通数据具有时间和空间分布特征，先进的交通信息

系统性能优化的需要三个方面分析了交通系统实施数据融合技术的必要性，建立了交通系统数据融合的流程。本书把交通数据的融合分为四个层次：数据层融合、特征层融合、状态层融合、决策层融合，在此基础上建立了交通数据融合的模型。研究了数据融合的结构：集中式、分布式和混合式，推荐分布式为交通系统的融合结构。最后，分析了先进的交通信息融合系统设计开发的流程和要求。

5 ATIS 交通事件检测中的数据融合技术研究

5.1 交通事件的检测技术

道路交通事件是指导致路段通行能力减少的意外事件，包括交通事故、车辆抛锚、货物散落等随机原因使一个或几个车道堵塞的偶发性交通拥挤现象，以及导致道路通行能力下降或交通流行驶状态突变的情况。道路上发生交通事件时会发生以下异常现象：

（1）大范围的交通阻塞：如恶劣的天气，大雨或大雾造成能见度降低，致使交通流速度下降、交通堵塞；如异常路面事件，降雨、降雪以及结冰导致路面摩擦系数降低，造成异常交通现象；如车辆故障所导致的抛锚事故，行驶车辆上物品落下所致的突发事故，都可能引发大范围的严重交通阻塞。

（2）特、重大交通事故：如在城市快速路、重要交叉口、干线公路上发生的重、特大交通事故，可能引发更为严重的交通事故和交通阻塞。

（3）群体性事件：如集会、游行、示威、暴力恐怖活动等，可能造成交通异常。

（4）临时性交通管制，道路养护施工，使其所在路段形成瓶颈，容易造成交通阻塞。

（5）火灾、爆炸、凶杀、危险物品或毒物泄漏等事件。

一旦发生交通事件，就会导致事件发生路段的通行能力降低，车辆排队和延误增加，交通事件也是引起交通安全隐患、交通拥挤、交通污染、行程时间花费的主要原因之一。据统计，在美国超过 60% 城市快速路上的交通拥挤是由交通事件引起，到了 2005 年，这一数字已经增加到了 70% 以上。尽管各种道路异常事件的起因各异，特定事件的演化方式也可能不一样，但是如果得不到有效、及时地处置，道路交通异常事件既严重地干扰交通秩序，影响交通安全，又有可能引发事态的进一步扩张，破坏正常的社会秩序。因此，要及时、准确地检测道路交通异常事件，快速、有效地采取应急处置措施，最大限度地减少交通事件对社会及人民生活的干扰。

事件检测是事件管理过程的第一步，也是其核心和关键，事件检测就是引起交通管理部门和交通安全部门注意事件的过程。任何事件管理系统的快速反应能力都在很大程度上依赖于高度可靠的事件检测技术。尽早的事件检测对于制定恰当的响应策略、控制和引导其他车辆避开事发地点，为驾驶员提供实时的交通信息，从而使事件总的影响降到最低都非常重要。

根据信息来源的不同，交通事件检测技术大致分为：驾驶员移动电话呼叫、事件管理人员观看闭路电视监视图像、结合检测软件的自动车辆识别技术、交通流电子检测装置（如视频图像、环形线圈或雷达）、驾驶员求助电话和路边紧急电话、交通警察巡逻队、道路监控、交通管理部门或其他部门通过对讲机报告、交通状态报告、车队（公交车、卡车）报告。

可以将上面的道路交通事件检测技术概括为“非自动”检测技术和“自动”检测技术。“非自动”检测技术是最早的、容易实施的也是最常用的方法，“非自动”检测技术通过向事件管理中心报告事件信息来实现对交通事件的检测。从整体上看，非自动检测技术的优点是方便、直接、经济、效率比较高；缺点是要求当地有目击者，时间地点比较难以确定，需要有专门的人员对报告进行筛选和确认，人员工作量和强度都比较大。“非自动”检测技术一般运行成本比较高，受时间和天气影响较大，检测时间比较长，检测率较低。但是近年来，随着手机的普及，通过手机报告交通事件已经是大多数城市进行交通事件判别的一个重要方法。

由于自动事件检测（Automatic Incident Detection，AID）技术运行成本低、能够全天候、全过程发挥作用且检测率高，因此，各国交通工程专家纷纷积极研究和开发，自动检测技术系统的核心是根据实时采集的交通流数据信息，由算法自动判别是否有交通事件发生，并估计事件对交通流的影响。

常用的事件检测技术各有优势和不足之处，运行中的事件检测系统通常都是综合使用多种检测技术，通过不同方法的协调和补充达到最佳的检测效果。但总体来说，事件检测技术的筛选需要考虑交通事件检测速度、精度、费用、易维护性、其他系统对数据的可用性、技术实现的速度和效益增长速度等因素。确定这些因素的重要性和优先级比较合理的方法是由事件管理所涉及的各个部门根据自己的需要，共同商定。对于资金有限的地区，推荐初期采用费用最低的技术，这样可以快速为公众和管理部门带来明显的效益，然后再逐渐改进、升级。例如，利用道路使用者的手机、交警和交通管理部门巡逻队报告事件是很多城市所采用的方法，通常也是速度比较快的方法。对于资金较充裕的城市和地区，可以在道路上安装交通流数据采集设备（或利用已有的交通监控系统中的检测设备）和视频监视设备结合一定的事件检测算法进行自动检测，同时融合人工报告等非自动事件检测方法得到的事件信息，能够获得良好的事件检测精度和速度，满足事件管理的需要，如表 5 – 1 所示。

表 5 – 1　　常用的事件检测技术比较分析

事件检测技术	定义	优点	缺点
移动电话呼叫特服电话或事件报告热线	驾驶员使用他们的移动电话或路边的电话报告事件	通常是最快的事件检测方法	精度依赖于驾驶员的输入，需要确认可能需要其他的人员来处理电话
高速公路巡逻队	警车和交通管理巡逻队，为出事车辆提供服务	提供检测、确认和响应功能	道路拥挤会减少巡逻的次数，需要的人员比较多
路边呼救电话	路边安装的紧急呼叫电话装置，驾驶员可以用来报告事件	大众广泛接受，24 小时都可以报告事件	初期投资较大，要驾驶员徒步走到电话边，可能遇到故意的破坏，需要人员管理维护
航空巡逻	在事件发生地点上空使用飞机进行观察	能够用来进行事件检测和确认，覆盖的范围广，容易确定事件的影响区域	费用高，可能发生比较显著的延误，在恶劣的天气不能使用，一些没有机场的地区也不可能使用
固定观察人员	观察人员在高楼上观察交通流并报告事件	灵活性好，在有特殊的活动和道路修建时作为临时的方法	人力密集型，在天气比较恶劣时难以应用
其他服务部门人员（公交车队和货车车队驾驶员）报告	驾驶员在常规的驾驶中发现并报告事件	可以找到很多这样的观察员，公共机构很少或不需要付出费用	精确性和可靠性难以控制，受车队规模的限制
闭路电视	系统管理人员连续观察交通管理中心的道路状况图像	同时提供检测和确认功能	会造成操作人员疲劳，检测的有效性依赖摄像机在道路上安放的位置

5.2 基于同源数据的交通事件检测算法概述

交通事件检测系统的性能取决于两个方面：交通数据采集技术和数据处理技术，数据采集技术用于采集交通流数据，数据处理就是应用各种算法通过对交通流采集数据的分析对交通事件是否发生以及事件的严重性和事件发生的位置进行判别。交通数据采集技术和数据处理技术通过交通检测算法紧密地联系在一起。由于检测技术的多样化，针对这些技术进行交通事件判别的算法也多样化。同源数据的交通事件检测算法主要是指判别交通事件的数据从同一个信息源中获取，本书将同源数据的交通事件检测算法分为基于定点采集数据的交通事件判别方法和基于浮动车采集数据的交通事件判别方法。

5.2.1 基于定点采集数据的交通事件判别算法

基于定点采集数据的交通事件自动判别方法大致可分为四类，即基于模式识别的方法、基于统计理论的方法、基于交通流模型的方法和基于人工智能的方法，每类方法中又包含不同的判别算法，如图 5－1 所示。

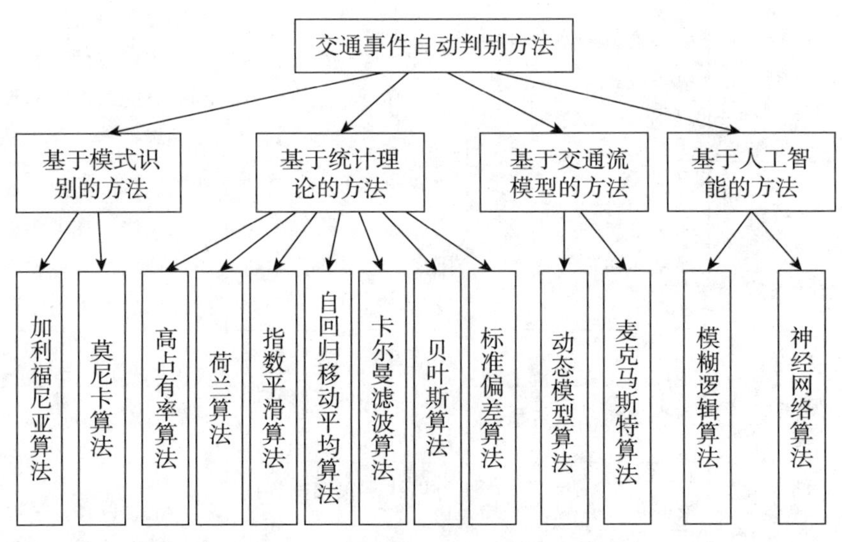

图 5－1 交通事件自动判别方法分类

经典的基于定点采集数据的交通事件判别算法为 California 算法和 McMaster 算法。

加利福尼亚算法开发于 1965—1970 年，由美国加利福尼亚运输部开发，该算法为双截面算法。该算法是将邻近的探测位置处的交通条件进行比较，从而进行交通事件检测。它的分析是基于发生交通事件时事件点上游检测截面占有率增加而下游检测截面占有率下降这一特征，分析各路段上检测器提供的占有率数据变化，即可得知是否出现交通事件。

该算法利用各检测站的 1 分钟平均占有率数据 $OCC(i, t)$ ，即在时刻 t 从检测站 $i(i = 1, 2, \cdots, N)$ 得到的平均占有率，按照下面三个条件来判断是否发生

交通事件：

$$OCCDF = OCC(i, t) - OCC(i+1, t) \geq K_1$$

$$OCCRDF = \frac{OCC(i, t) - OCC(i+1, t)}{OCC(i, t)} \geq K_2$$

$$DOCCTD = \frac{OCC(i+1, t-2) - OCC(i+1, t)}{OCC(i+1, t-2)} \geq K_3$$

式中：$OCCDF$ ——拥挤路段上下游占有率的差值；

$OCCRDF$ ——拥挤路段上下游占有率的相对差值；

$DOCCTD$ ——拥挤开始时下游占有率的相对差值；

$OCC(i, t)$ ——第 i 个检测站 t 时刻所测得的占有率；

K_1 、K_2 、K_3 ——相应参数的阈值。

如果上述三个条件都满足，则判断发生交通事件。California 算法的事件判别流程如图 5 - 2 所示。

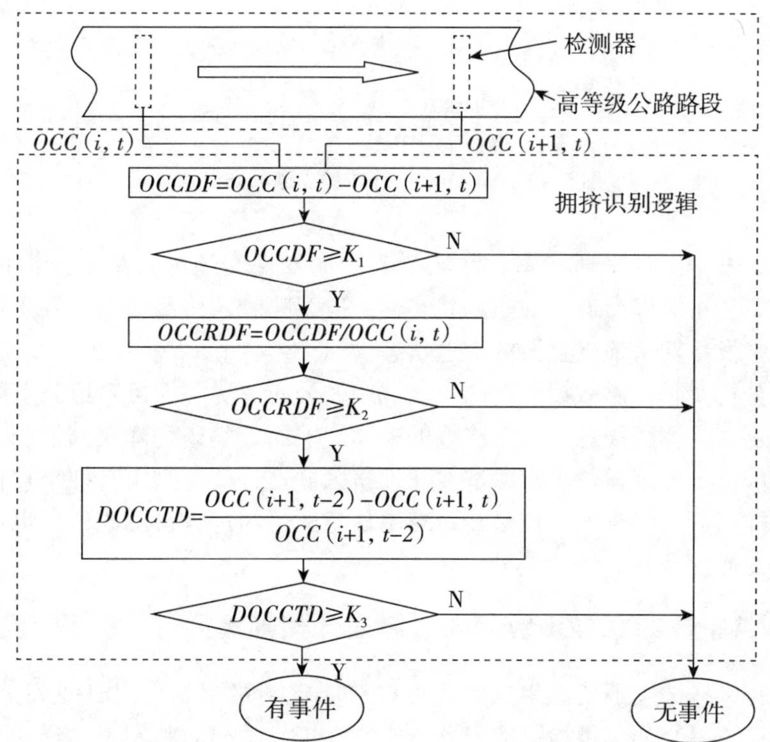

图 5 - 2　California 算法的事件判别流程

Persaud 等根据交通状态突变理论开发了 McMaster 算法，使用大量的拥挤和非拥挤状态下的流量和占有率历史数据，建立流量—占有率分布关系模板，通过将检测数据之间的关系与模板进行比较，判断是否发生了交通拥挤（交通事件）。该算法的重要特点是其判别过程包括 2 个阶段：①检测拥挤的存在；②判别拥挤的类型（常发性拥挤还是偶发性拥挤）。

McMaster 算法是一种基于交通状态突变理论开发的事件自动检测算法，不仅能判别交通拥挤（交通事件）的存在，而且能判别交通拥挤的类型。该算法将检测的交通流量和占有率数据表示在二维空间上，并将流量—占有率二维图形划分为四个区域，每个区域代表一种交通状态，如图 5 – 3 所示。

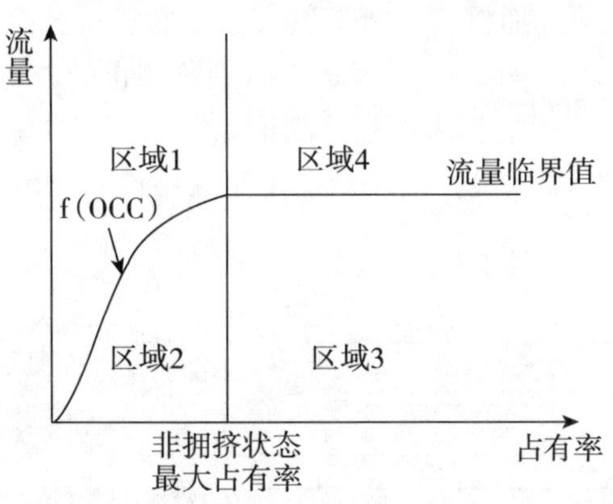

图 5 – 3　McMaster 算法的交通状态分类

区域 1 表示正常交通状态；区域 2 表示偶发性交通拥挤地点上游的交通状态；区域 3 表示缓慢交通流的阻塞状态，一般意味着该检测器下游发生拥堵；区域 4 表示常发性拥挤地点上游的交通状态。

通过分析实际检测数据点在四个区域中的分布情况，即可对道路上的交通事件进行判别。该算法规定在三个连续的采样周期内，车速均降至阈值以下，或占有率超过阈值，或流量与占有率都在非拥挤区域之外，可判定有拥挤存在；在连续两个采样周期内，车速、流量和占有率任意两个超过各自的阈值，也可以判断是发生了交通拥挤。

5.2.2　基于浮动车采集数据的交通事件判别算法

基于浮动车的交通信息采集方式可以获取整个路网的行程时间等交通信息，覆盖范围广，是交通事件检测的发展方向。在正常的交通状态下，浮动车的速度较高，而发生交通事件时，浮动车的速度就会下降或停止，行程时间增加，所以可以利用浮动车的车速和在路段上的行程时间等参数的变化来检测交通事件的发生。

Ruey 等研究了基于浮动车数据的交通事件检测方法，建立了交通事件自动

判别算法（称为 MOSES 算法）。

$$\frac{\bar{T}_1 - \bar{T}_2}{\sqrt{\frac{(n_1 - 1)s_1^2 + (n_2 - 1)s_2^2}{n_1 + n_2 - 2}(\frac{1}{n_1} + \frac{1}{n_2})}} > t_{\alpha,\ n_1+n_1-2}$$

式中：$\bar{T}_1, \bar{T}_2$ ——上一时间间隔和当前时间间隔的浮动车平均行程时间；

n_1, n_2 ——上一时间间隔和当前时间间隔的浮动车数量；

s_1^2, s_2^2 ——上一时间间隔和当前时间间隔的浮动车行程时间方差；

$t_{\alpha,\ n_1+n_2-2}$ —— t 分布函数。

Ruey 等利用 PARAMICS 仿真软件对三种交通事件计算间隔确定策略（即固定时间、固定样本数量和可变滚动时间间隔）进行了对比分析，结果表明：当浮动车比例大于 30% 时，固定样本数量策略和固定时间策略均具有较高的事件检测率，固定时间策略具有较低的误报率，而固定样本数量策略则具有较低的误报数和平均检测时间；当浮动车比例在 20% ~30% 时，三种策略的检测效果相当；当浮动车比例低于 20% 时，固定时间策略的效果优于另外两种策略。

Chaminda Basnayake 以加拿大 Calgary 市的城市道路为对象，研究了基于浮动车 GPS 数据的交通事件检测算法，利用浮动车的速度和加速度特征来判断是否存在交通事件，取得了较为满意的效果。

W. Pattara - atikom 等针对曼谷城市道路，根据浮动车的速度特征来检测是否存在交通拥挤事件，算法简单易用等优点，但算法中的速度阈值需要人工确定，而且对算法的效果有较大的影响。

张存宝根据车辆速度的变化特征来建立道路交通事件自动判别算法，利用 VISSIM 软件对算法进行了验证，结果表明：该算法具有较高的事件判别率、较低的误判率和较短的事件判别时间；浮动车比例对算法的效果有一定影响，浮动车比例越高，事件检测效果越好；算法只要检测路段交通特性选定合适的拥挤速度阈值和非拥挤速度阈值即可，具有计算量小、简单实用等优点。

5.2.3 同源数据交通检测事件算法评价

评价事件判别方法的常用指标包括：事件判别率（Identification Rate，IR）、事件误判率（False Identification Rate，FIR）和事件平均判别时间（Mean Time to Identification，MTTI）。其中，事件判别率是指在特定时间段内检测到的事件占实际事件总数的比例；事件误判率是指在特定时间段内，事件判别错误的次数占事件判别总决策次数的比例；事件平均判别时间是指算法识别出事件发生时刻与事件实际发生时刻之间差值的算术平均值。其他评价指标还包括算法的可移植性、参数标定难易程度、算法效率等。

在本书中基于同源数据的交通事件检测方式主要是基于定点数据的检测方式

和基于浮动车数据的检测方式，基于定点的交通事件检测方式能提供车速、流量和占有率数据，而基于浮动车的交通事件检测方式能提供车辆的加速度，路段区间速度、行程时间等参数。各种交通事件检测算法通过对检测数据的判断分析来确定是否有交通事件发生，这些算法都有优点和不足之处，也没有哪一种算法绝对优于其他算法，基于同源数据的交通事件检测算法主要有以下不足。

（1）定点检测速度较慢：检测速度慢并不是算法的原因，而是由定点检测方式的特性决定的。由于受客观条件的限制，定点检测器的间距一般为数百米或一千多米，甚至数千米，在交通事件上游的“冲击波”和事件下游的“扩张波”到达临近的定点检测器之前，无法检测到事件引起的交通参数变化情况；

（2）定点检测在低流量情况下检测效果较差：在交通量较低的情况下，交通事件对定点检测器的检测数据影响很小或根本无法检测出来，导致事件判别效果不理想；

（3）Ruey 等建立的利用浮动车路段区间平均速度来检测交通事件的算法，适用于浮动车比例较高的情况，不适用于浮动车比例较低的情况；张存宝提出的利用浮动车检测交通事件的算法也同样不适用于浮动车比率较低的情况，而且算法仅适用于高速公路和城市快速路，对于有红绿灯控制的地面道路和交叉口算法就无法发挥作用；Chaminda Basnayake 和 W. Pattara - atikom 依靠浮动车速度和加速度判断交通事件，算法采用的速度和加速度的阈值需要人工确定，而且对算法的效果影响很大，而不同地点的阈值也不一样，导致算法的移植性差。

基于定点的交通事件检测方式通过点上的数据如流量、占有率和车速判断交通事件，而基于浮动车的交通事件检测方式主要通过路段上的数据如行程车速等检测交通事件。没有哪一种交通事件检测方式能包打天下，如果能融合点上的数据和路段上的数据以及其他交通事件判别方式将大大提高交通事件检测的效率和准确率。

5.3 基于数据融合的交通事件检测技术及算法研究

5.3.1 交通事件检测信息源的比较分析

随着信息检测技术的发展，交通事件检测方式也越来越多样化，交通事件检测系统有大量的数据来源，由于数据融合技术对多传感器数据进行综合处理，可以获得比单一数据源更加全面、准确的交通事件信息，在交通事件自动检测方面，数据融合技术有很大的发展潜力。融合不同来源的检测信息，提高事件检测系统的时间和空间扩展性以及系统的可操作性和事件反应能力，是各个交通事件检测系统面临的关键问题之一。

要实现各种交通事件检测数据的融合，就必须从数据融合角度正确认识各种交通事件检测方式的特点和检测事件的能力，这样才能顺利地实现各种事件检测方式之间的优势互补，提高事件检测信息的准确程度。温慧敏提出了主要用数据本身的特性、抽象程度、冗余程度、传达时间、精确性、密度和费用作为标准来评价常用的交通事件检测方式的特点，如定点检测器（以环形线圈为代表）、移动电话报告、路边紧急呼叫电话报告、巡警报告、视频数据、AVI 标签匹配数据、浮动车报告等。

数据：也就是各种交通事件检测方式所能提供的检测信息。例如环形线圈检测方式能提供流量、速度、占有率等信息还有检测器布设的位置信息；浮动车能提供车辆位置信息、车速信息、行程时间信息等；移动电话能提供事件发生的位置信息和严重程度信息等。

抽象程度：根据数据源对于事件所体现的抽象级别，可以将事件数据初步分为数据级、特征级和决策级。如环形线圈检测的流量、占有率和速度属于数据级，而应用模型算法通过流量和占有率指标获得路段的行程时间等参数就属于特征级参数，通过特征参数判断是否有交通事件发生以及事件的严重程度则为决策级。

冗余程度：数据的冗余程度主要是是否同时有多种检测器提供相同的数据，虽然这些数据的精度可能不一样，但数据在形式和内容上是一样的。例如，在高速公路上移动电话报告和巡警报告就是冗余的，因为他们提供大致的事件信息，如都提供事件发生的位置和严重程度，这些信息只是在精确程度上不同，不存在内容和形式上的差别。

传达时间：指信息能以多快的速度传到交通事件管理中心，也即为信息的及时性，信息的及时性是交通事件管理中心判断能否依据信息源进行交通事件判断的一个重要依据。例如，浮动车可以以几秒的时间间隔向交通事件管理中心自动提供数据，而巡警的交通事件报告要等到巡警到达交通事件发生地点才能做出；驾驶员的移动电话报告的及时性最差，因为任何驾驶员本身没有义务报告交通事件，交通事件管理中心只能把驾驶员的移动电话报告作为信息源的一个补充。

精确性：一般信息源所传达的信息中存在着噪声和偏差，导致数据的精确性存在差异。例如，驾驶员所报告的事件地点和类型都存在不确定性，事件管理中心难做出及时、恰当的反应，而受过训练的巡警报告的数据准确性就高。

密度：指各种事件检测方式的布设密度。如线圈的布设密度较低，而移动电话的密度较高。

费用：各种事件检测信息源的费用很难确定，只能做一些定性分析，一般情况下利用浮动车判别交通事件的费用就要低于环形线圈的费用。

对各种交通事件信息源的基本情况进行定性评判如表 5－2、表 5－3 所示。

表 5－2　　信息源基本比较表

信息源	数据	抽象	冗余
线圈检测器	流量、占有率、速度	数据级	无
手机	位置、事件严重程度	决策级	路边呼叫电话、巡警
路边呼叫电话	位置、事件严重程度	决策级	手机、巡警
巡警	位置、事件严重程度	决策级	手机、路边呼叫电话
视频	流量、速度和车辆信息	数据级/特征级	可能是线圈检测器
AVI 标签	路段行程时间、车速	特征级	无
浮动车	详细的速度、位置	数据级	无

表 5－3　　信息源提供数据质量比较表

信息源	时间	精度	密度	费用
线圈检测器	好	高	低	高
手机	较好	低	高	低
路边呼叫电话	差	中等	中等	低
巡警	差	高	中等	低
视频	好	高	低	高
AVI 标签	好	中等	中等	低
浮动车	好	中等	低	中等

考虑到交通事件检测的实际情况，建议将三类信息作为交通事件融合的信息源，分别是环形线圈检测信息、浮动车采集信息和人工报告信息（包括手机、路边呼叫电话、巡警）。其中环形线圈每隔一段时间提供断面的流量、车速、占有率等交通数据；浮动车提供路段或整个路网的行程车速、行程时间等数据；人工报告信息有驾驶员或巡警提供事件发生的地点、严重程度等信息。

5.3.2　交通事件检测信息融合的框架研究

交通事件检测应用数据融合技术主要解决有关交通事件的检测、事件发生的时间、地点及提供决策，并及时通知后续车辆等问题。在所研究的目标路段

中通过定点检测方式、移动检测方式以及人工报告方式获取多源信息，应用数据融合技术对这些多源信息在一定的准则下加以自动分析、综合、支配和使用，从而获得对道路上交通流特征的解释和描述，并通过与交通异常状态门限值的比较检测出所研究路段上交通异常事件出现的时间、地点。为了获得交通事件检测的最佳决策，本书参照 Andrzej Tarko 关于 ADVANCE 项目交通事件检测的流程设计了一种如图 5 - 4 所示的交通事件检测融合的框架结构，在该结构下既可以通过单个检测方式获取事件信息，又可以将多种事件检测方式组合起来确定所研究路段是否发生了交通事件，提高事件检测的有效性、准确性以及灵活性。

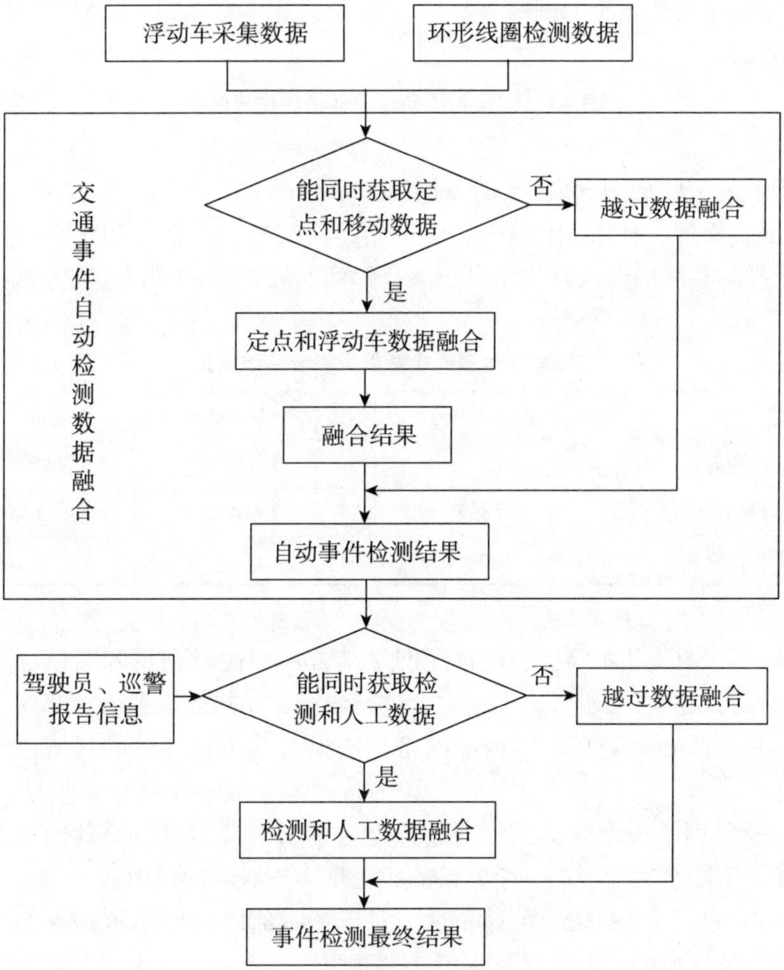

浮动车采集数据
环形线圈检测数据
交通事件自动检测数据融合
能同时获取定点和移动数据
否
越过数据融合
是
定点和浮动车数据融合
融合结果
自动事件检测结果
驾驶员、巡警报告信息
能同时获取检测和人工数据
否
越过数据融合
是
检测和人工数据融合
事件检测最终结果

图 5 - 4　交通事件检测融合框架

5.3.3 定点和浮动车数据在事件检测中的融合方法

对于定点数据和浮动车数据在交通事件检测中的融合，一种方法是先单独使用定点检测数据和浮动车检测数据通过各自的事件检测算法分别得到事件检测结果，然后再将这两个结果进行融合，得到最终的交通事件检测结果，该融合方法的结构如图 5 - 5 所示。

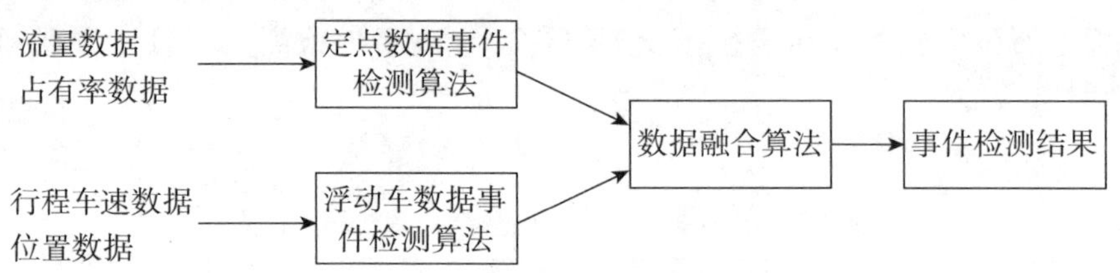

图 5 - 5　定点和浮动车事件检测结果的融合

关于上述步骤的具体融合算法如 Huimin wen 等利用多层感知器神经网络（MLP）融合模型，利用 FRESIM 软件得到的模拟数据单独使用定点检测数据和浮动车数据的算法以及两种模型进行融合得到如表 5 - 4 所示的验证结果。

表 5 - 4　　MLP 交通事件检测数据融合模型结果

	检测率（%）	误警率（%）	检测时间（S）
定点检测算法	100	0.033	97.2
浮动车算法	97.33	0.067	146.8
数据融合算法	100	0	104

Hsiao 等，Abdulhai 等也利用神经网络结合模糊逻辑和贝叶斯估计对定点和浮动车数据在检测交通事件方面的融合进行研究，结果表明：融合算法具有较高的检测率和较低的误警率。但神经网络算法也有其不足之处和局限性，主要表现在：

（1）神经网络模型算法的物理过程不是很明确，不能说出其模型各参数的实际意义，不能给用户说出一个直接的、与现实相对应的理由。

（2）神经网络模型缺少可移植性。对于特定的路段要用该路段的检测数据训练网络，校订模型参数，导致模型缺少通用性，不适合在大型的交通事件检测系统当中应用。

（3）神经网络模型还具有训练局限性。经过训练之后的神经网络在进行事

件检测时，若输入数据在样本数据范围内或与样本数据比较接近时，其运算结果精度非常高。如果输入数据在样本分布范围之外并与样本数据相距甚远时，其输出结果将会有较大的偏差。

考虑以上因素，由于浮动车能检测路段的行程时间等数据，定点检测方式能提供流量、占有率、车速数据，使用另外一种融合方法，直接对定点数据和浮动车数据进行数据层面上的融合，该融合方法的结构如图5-6所示。

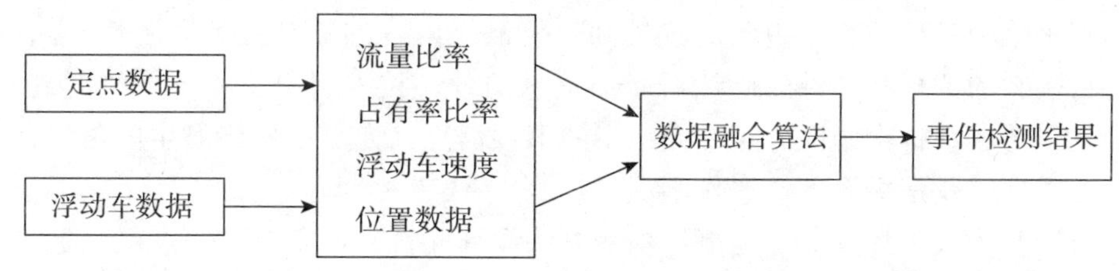

图5-6 定点和浮动车检测数据的融合

Thomas利用贝叶斯决策理论将交通事件的检测问题转化为基于Bayesian分布的多属性决策生成问题，以浮动车行程时间、浮动车数据个数、车道占有率、流量四种数据的组合作为输入值检测交通事件，结果表明：应用贝叶斯决策理论的信息融合方法，可以提高事件检测效果。但是，该方法需要事先确定浮动车数据判别结果以及定点检测数据判别结果与实际事件的条件概率，而在实际应用中，道路网上各条路段的交通特性各异，如果要确定每条道路上事件发生的贝叶斯条件概率，几乎是不可能的。

从实际应用的角度出发，张存宝应用加权平均法进行交通事件信息融合，计算模型为：

$$X = \sum_{i=1}^{n} \omega_i X_i$$

式中：X ——交通事件信息的融合结果；

ω_i ——第 i 种数据判别结果的权重；

X_i ——第 i 种数据的判别结果（若判定存在交通事件，则 $X_i = 1$ ，否则 $X_i = 0$ ），若 $X \geqslant 1$ ，表示存在交通事件。

$$\omega_i = 0.5 \times k$$

式中：k ——检测方式在连续时间间隔内持续判定存在交通事件的累计次数。

该融合方法的直观解释为：若多种检测方式在一个计算周期内同时判定存在交通事件，则融合结果为存在交通事件；若一种检测方式在连续2个或2个以上的周期判定存在交通事件，则融合结果为存在交通事件。

利用仿真数据对实验结果验证，表明基于加权平均法的交通事件信息融合方法的事件判别率、误判率和判别时间等指标优于其他检测方式，提高了交通事件的检测效果，而且模型的移植性强。

5.3.4 检测数据和人工数据在事件检测中的融合

基于人工报告数据的交通事件检测算法主要是驾驶员和巡警通过固定电话或用手机向交通管理中心报告交通事件，相比交通事件的自动监测算法，基于人工数据的算法实际上是事件目击者对交通事件的一个直观反应，这种反应并不需要检测器来检测各种数据。由于驾驶员和巡警汇报内容的复杂性和间断性，因此，事件目击者的汇报和事件的确认对交通信息的处理技术提出了一个严峻的挑战，必须从目击者报告当中区分正确或错误的事件信息，如交通事件发生的位置，事件的严重性以及是否有人搞恶作剧。

对于基于人工数据的交通事件检测算法设计而言，最重要的一点就是通过他们的汇报内容判断事件的位置和严重程度，人工报告算法的处理方法如图 5 - 7 所示。在该框图里面，通过事件管理中心采集原始的人工口头报告数据，人工报告数据经过预处理后，将人工报告中的信息转换为不同的事件记录字段（如事件的信息源、事件的位置、事件的类型和严重程度等）。为了减少交通事件的误报率，对某一事件当交通事件的目击者汇报超过一定数据的时候就确认发生了交通事件，事件汇报数量的门限值可由当地的历史档案中分析出来。

人工报告数据与事件管理中心的自动事件判断结果的融合可以通过事件管理中心操作人员的输入完成，判断时可以使用基于规则（如有人工报告事件就以人工报告事件的判别结果为准）的处理方法完成数据融合。

5.4 本章小结

在 ATIS 交通事件检测的数据融合技术研究中，先介绍了交通事件的检测方法，把交通事件的检测技术分为：基于同源数据的交通事件检测算法和基于数据融合的交通事件检测技术。初步提出了交通事件检测中数据融合的框架，分析了定点数据和浮动车数据的融合以及检测数据与人工数据的融合方法。

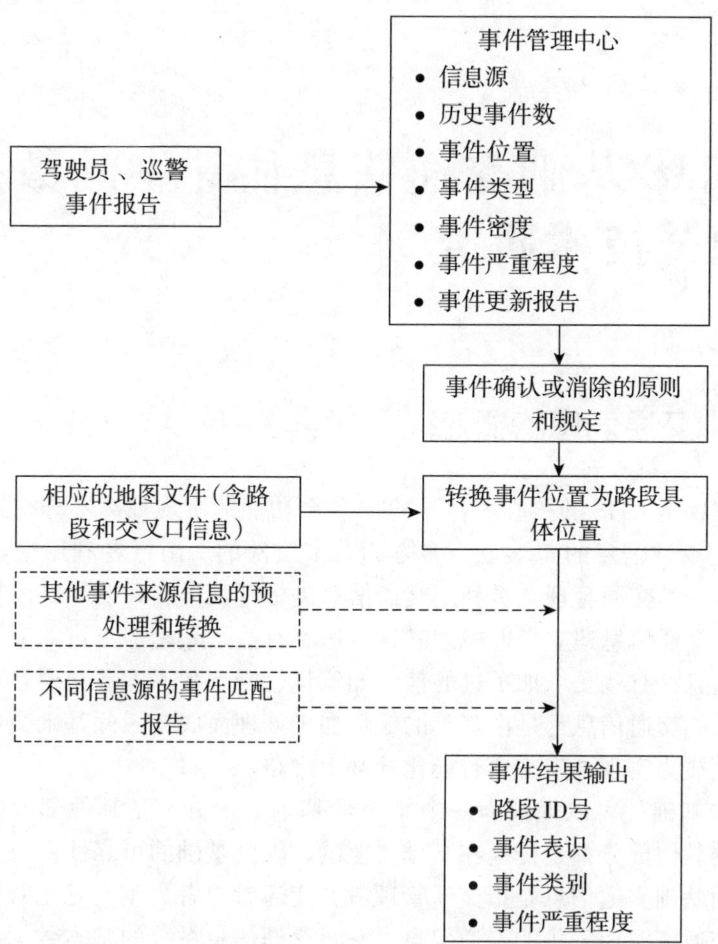

图 5－7 人工报告数据事件检测算法

6 ATIS 基础交通信息估计中的数据融合技术研究

6.1 基础交通信息的概念

交通信息是 ATIS 的核心内容，ATIS 各个功能的实现都离不开交通信息的支持，ATIS 对交通信息的需求也是多方面、多层次的。出行者利用交通信息合理选择行驶路径，交通管理人员利用交通信息进行驾驶员路径诱导，而交通工程研究人员利用交通信息建立交通模型。这些信息有些是处理加工过的交通信息，如交通事件信息，有些是未加工过的信息如流量、密度和速度等交通参数。但是无论多么复杂的交通信息都是由基础的信息加工处理而成，因此基础交通信息的采集、处理就成为实现城市交通智能化的必由之路。

所谓“基础”可以理解为一个系统最基本的部分，是其他部分的根基、来源，系统的其他部分都是构筑在基础之上的，因此基础的可靠性就决定了系统的可靠性。而基础交通信息是指交通管理者和交通参与者为了更好地管理交通、更好地利用交通资源而采集的交通信息，它是交通信息系统的基本数据来源，反映交通系统的基本属性。确切地说，基础交通信息是通过各种渠道采集到的未经过加工的交通参数、路网参数等数据。比如对路网交通状态、交通事件的估计就是通过对基础交通参数（流量、速度、占有率等），道路参数等数据进行综合处理之后才能得到。基础交通信息是 ATIS 系统中最基本、最直接的信息，基础交通信息的质量在很大程度上决定了 ATIS 系统中信息的效果。基础交通信息分为动态交通信息和静态交通信息，基础交通信息具有准确性、及时性、共享性、实时性、动态性、海量性和增值性特征。

6.2 基础交通信息的融合研究概述

基础交通信息中的融合技术主要体现在应用数据融合技术减少交通流量、车辆位置、行程时间等基础交通参数的估计和预测误差方面，它的根本作用就是利

用数据融合的理论与方法，使估计和预测的交通信息更为准确可靠。数据融合技术在军事领域得到了广泛的应用，但在交通领域的应用较少，可查阅的文献也很少。

根据交通信息来源的不同将数据融合技术在基础交通信息估计中的研究分为三类：定点数据与定点数据的融合，定点数据与浮动车数据的融合，定点数据、浮动车数据与历史数据的融合，其中定点检测数据主要是环形线圈和雷达检测数据，移动检测数据为基于浮动车采集的数据。定点数据与定点数据的融合为同源数据自身的融合，而定点数据、浮动车数据以及与历史数据的融合为异源数据的融合。

6.2.1 定点数据与定点数据的融合方法

1. 路段"时间—空间"平均速度组合融合算法

杨兆升等提出一种基于多个定点检测器信息的路段平均速度的组合融合算法。首先，利用分批估计算法对同断面多个检测器信息进行时间融合处理，得出该断面时间平均速度值；然后，利用自适应加权平均算法对时间平均速度值进行空间融合处理，得出该路段区间平均速度值。

设多个检测器在剔除损失误差后的测量数据分别为 $x_1, x_2, \cdots, x_n$，将多个检测器测量的数据分为 k 批，分别记为 $x_{p1}, x_{p2}, \cdots, x_{pj}, p=1, 2, \cdots, k$，根据分批方法的不同，各批中的数据可以相等也可以不等。然后分别计算各批测量数据的算术平均值，并记为 $\bar{x}_1, \bar{x}_2, \cdots, \bar{x}_k$，且

$$\bar{x}_p = \frac{1}{j}\sum_{i=1}^{j} x_{pi} \qquad (p=1, 2, \cdots, k) \tag{6-1}$$

相应地，标准差记为 $\hat{\sigma}_1, \hat{\sigma}_2, \cdots, \hat{\sigma}_k$，则有：

$$\hat{\sigma}_p = \sqrt{\frac{1}{j-i}\sum_{i=1}^{j}(x_{pi}-\bar{x}_p)^2} \qquad (p=1, 2, \cdots, k) \tag{6-2}$$

根据分批估计理论，分批估计后得到的数据融合结果 x^+ 为：

$$x^+ = \frac{\prod_{i=1}^{n}\hat{\sigma}_i^2}{\sum_{i=1}^{k}\hat{\sigma}_i^2}\begin{bmatrix}1 & 1 & \cdots & 1\end{bmatrix}\begin{bmatrix}(\hat{\sigma}_1^2)^{-1} & 0 & \cdots & 0 \\ 0 & \hat{\sigma}_2^2 & \cdots & 0 \\ \vdots & \vdots & \vdots & \vdots \\ 0 & 0 & \cdots & (\hat{\sigma}_k^2)^{-1}\end{bmatrix}\begin{bmatrix}\bar{x}_1 \\ \bar{x}_2 \\ \vdots \\ \bar{x}_k\end{bmatrix} = \frac{\prod_{i=1}^{n}\hat{\sigma}_i^2}{\sum_{i=1}^{k}\hat{\sigma}_i^2}\sum_{q=1}^{k}\frac{\bar{x}_q}{\hat{\sigma}_q^2} \tag{6-3}$$

应用分批估计理论可以对同一断面上单向双车道的时间平均速度进行融合。设在某一观测期（即一个采集周期）内，共有 $N_j(j=1, 2)$ 辆车通过检测点断面的第 j 车道，且通过第 1 个车道的每辆车的速度分别为：$v_{11}, v_{12}, \cdots, v_{1N_1}$；通过第

2 个车道的每辆车的速度分别为：v_{21}，v_{22}，…，v_{2N_2}，则 2 组的速度均值及标准差如下：

在 $k=2$ 的情况下，应用分批估计理论式（5）可化简为：

$$v^{+}=\frac{\widehat{\sigma}_1^2\,\widehat{\sigma}_2^2}{\widehat{\sigma}_1^2+\widehat{\sigma}_1^2}\begin{bmatrix}1 & 1\end{bmatrix}\begin{bmatrix}(\widehat{\sigma}_1^2)^{-1} & 0\\ 0 & (\widehat{\sigma}_2^2)^{-1}\end{bmatrix}\begin{bmatrix}\bar{v}_1\\ \bar{v}_2\end{bmatrix}=\frac{\widehat{\sigma}_2^2}{\widehat{\sigma}_1^2+\widehat{\sigma}_2^2}\bar{v}_1+\frac{\widehat{\sigma}_1^2}{\widehat{\sigma}_1^2+\widehat{\sigma}_2^2}\bar{v}_2 \tag{6-4}$$

杨兆升认为分批估计算法的方差比简单平均算法的方差小，利用此算法进行时间平均速度融合估计的效果更好。并且检测器数量较少时，运算速度可满足实时交通信息处理的要求。

为了得到路段区间平均速度，通过对得到的断面时间平均速度后还要作进一步处理。用求简单平均值的方法虽简便，但平均误差较大。采用自适应加权平均算法进行区间平均速度的融合处理，以总方差最小为目标，为每一个时间平均速度值赋予相应的权数，使数据融合的结果在总均方误差最小这一最优条件下，根据各个传感器所得到的检测值以自适应的方式寻找其对应的权值，使融合后的区间速度值能最真实地反映实际交通流运行速度。引入加权因子 w_i 后，基于多个定点检测数据的区间平均速度融合值为：

$$\bar{v}=\sum_{i=1}^{n}w_i v_i \tag{6-5}$$

式中：n——路段上布设的传感器组数，并且 $\sum_{i=1}^{n}w_i=1$，则总均方误差为：

$$\sigma^2=\sum_{i=1}^{n}w_i^2\sigma_i^2 \tag{6-6}$$

式中：σ^2 ——各加权因子 w_i 的多元二次函数。

根据多元函数求极值定理，可求出当加权因子为：

$$\bar{w}_i=1/(\sigma_i^2\sum_{i=1}^{n}\frac{1}{\sigma_i^2}) \tag{6-7}$$

σ^2 是最小值，且 $\sigma_{\min}^2=1/(\sum_{i=1}^{n}\sigma^2)$。

利用式（6-3）的分批估计信息融合算法，对路段上同一断面多传感器数据进行时间平均速度融合，则各断面的时间平均速度为：

$$\bar{v}_j(k)=(\prod_{i=1}^{k}\bar{\sigma}_i^2/\sum_{i=1}^{n}\bar{\sigma}_i^2)\sum_{q=1}^{k}\frac{\bar{v}_q}{\sigma_q^2}\,(j=1,2,\cdots,n,\ n\text{ 为路段检测器的组数}) \tag{6-8}$$

路段区间平均速度估计值为：

$$\bar{v} = \sum_{i=1}^{n} w_i \bar{v}_i(k) \tag{6-9}$$

总均方差：

$$\bar{\sigma}^2 = \frac{1}{k}\sum_{i=1}^{n} w_i^2 \sigma_i^2 = 1/(k\sum_{i=1}^{n}\frac{1}{\sigma_i^2}) = \frac{\sigma_{\min}^2}{k} \tag{6-10}$$

由式（6-10）可见 $\bar{\sigma}^2 < \sigma_{\min}^2$，因此估计的结果是可靠的。而且，随着 k 值的增加，$\bar{\sigma}^2$ 会逐渐减小。

基于多传感器的路段“时间—空间”平均速度组合融合算法的步骤是：

（1）计算路段断面时间平均速度融合值：

$$\bar{v}_j(k) = (\prod_{i=1}^{k} \bar{\sigma}_i^2 / \sum_{i=1}^{n} \bar{\sigma}_i^2) \sum_{q=1}^{k} \frac{\bar{v}_q}{\bar{\sigma}_q^2} (j = 1, 2, \cdots, n) \tag{6-11}$$

（2）计算最优加权因子：

$$\bar{w}_i = 1/(\sigma_i^2 \sum_{i=1}^{n} \frac{1}{\sigma_i^2}) \tag{6-12}$$

（3）计算路段空间平均速度融合值：

$$\bar{v} = \sum_{i=1}^{n} w_i \bar{v}_i(k) \tag{6-13}$$

杨兆升利用深圳市某快速路的检测器数据对上面的算法进行验证，将基于“时间—空间”组合的速度融合算法与简单平均算法的输出结果对比，结果表明本文算法的融合速度值比简单平均速度值更接近实际速度值，相对误差更小。

2. 基础交通信息预测中的融合方法

交通参数的预测虽不等同于融合，但某些预测方法可用于融合，通常对基础交通信息预测的方法有回归分析预测方法、时间序列分析方法、卡尔曼滤波方法和神经网络方法等。在进行基础交通信息预测时，可以根据各种预测方法的特点，通过不同方法的融合，提高预测信息的精确程度。

姜桂艳等设计了交通参数多模型融合预测方法的基本框架并提出了融合的具体步骤，如图 6-1 所示。

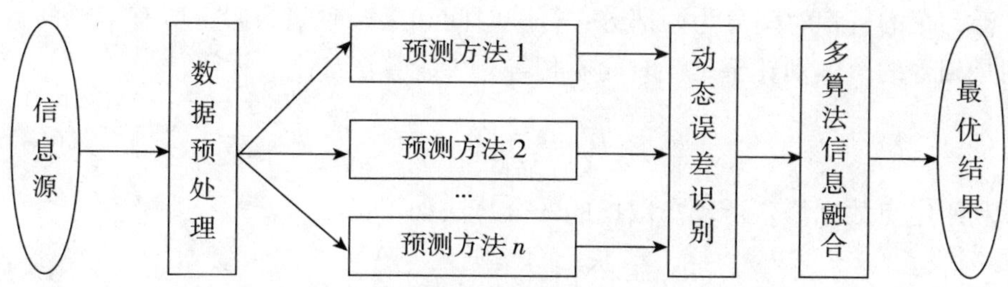

图 6-1　交通参数多模型融合预测方法基本框架

具体融合步骤如下：

（1）将由检测器采集得到的原始交通数据输入到数据预处理模型中，对数据进行筛选、修复和平滑等处理，最后得到新的数据序列。

（2）将具有相同历史趋势的工作日或时段进行分类，保证所用历史数据的变化规律与预测对象变化规律的相似性。

（3）将经过预处理的数据序列分别输入到多种不同的预测模型中，得到多个预测结果。

（4）在每个预测时段，根据上述预测模型的动态误差对各个预测值进行加权，得到一个新的预测结果。再对各个预测结果的误差进行比选，最后得到一个最优的预测值，即多模型融合预测结果。

姜桂艳使用某城市快速路上的微波检测器数据对多模型融合预测方法的性能进行检验，并对地点速度、流量、占有率误差结果进行分析，结果表明多模型融合预测方法的预测性能最好。

6.2.2 定点数据与浮动车数据的融合方法

1. 利用定点数据修正浮动车数据的方法

在先进的交通信息系统中利用浮动车可以采集行程时间、行程车速等交通信息，最初使用浮动车作为采集数据的样本时，研究人员都假定浮动车的数据是独立随机样本，这样样本的均值就等于总体的均值，然后通过浮动车的检测数据来估计路段的行程时间。

但是在随后的研究中，Sen 等在 ADVANCE 项目中对浮动车的数据统计分析后指出使用浮动车数据来估计路段的行程时间时，浮动车的数据并不独立，无论样本有多大，样本的均值都不能达到总体的均值，偏差来源于浮动车（样本）的到达时间分布通常并不与所有车辆（总体）的到达时间分布保持一致。由于浮动车的到达分布与车流的到达分布不同，所以单凭浮动车的数据不能避免预测的偏差。Bruce 等指出单纯靠浮动车数据来预测行程时间常常出现系统偏差，通过安装在道路旁的定点检测数据可以帮助减少部分偏差，具体理论如下：

浮动车的行程时间分为两部分：行驶时间和延误时间。假定所有车辆的行驶时间是相等的，区别在于延误时间不相等，传统算法如下：

$$D_P = \frac{1}{n_P}\sum_{j=1}^{n_P} d_j \tag{6-14}$$

利用定点数据修正浮动车数据的融合算法如下：

$$D_P = \sum_{i=1}^{I}\left[\frac{1}{n_P}\sum_{j=1}^{n_P}(d_{ji})\frac{N_i}{N_T}\right] \tag{6-15}$$

式中：D_P ——所有车辆的平均延误；

d_{ji} ——浮动车 j 在第 i 时段的延误；

N_i ——第 i 间隔内到达的车辆数；

N_T ——统计时段内到达的车辆总数；

i ——统计时段内的时间间隔数。

传统算法的样本均值和总体均值的相关系数为0.61，而改进算法样本均值和总体均值的相关系数可以达到0.81。把这种方法运用到城市信号灯道路中，可以减少50%的行程时间估计偏差。

2. 定点数据和浮动车数据加权平均的方法

Choi 和 Chung 建立了一个利用定点数据和浮动车数据融合得到城市主干路行程时间的模型。应用时利用定点检测数据和浮动车数据分别得到路段的行程时间，然后利用表决法、贝叶斯法、回归方法对定点数据和浮动车数据进行分析得到权重，越接近历史数据权重越高，再利用加权平均的方法获得路段行程时间模型。实测数据表明，该模型优于简单的算术平均模型。

Rui Wang 通过对定点数据和浮动车数据精确性分析的基础上，提出通过式（6－17）融合定点检测数据获得的行程时间 $T_{\det i}$ 和由浮动车数据获得的行程时间 T_{probei} 得到路段 i 的行程时间 T_i 。

$$T_i = (1 - w) T_{\det i} + w T_{probei} \tag{6-16}$$

当没有浮动车数据的时候，w 为0；否则 $w = w_p(n) w_d(D)$ ，其中：

$$w_d(D) = \begin{cases} 0 & D \leqslant 12.5 \\ \dfrac{D}{15} - 0.83 & 12.5 < D \leqslant 27.5 \\ 1 & D \geqslant 27.5 \end{cases} \tag{6-17}$$

$$w_p(n) = \begin{cases} 0 & n = 1 \\ 0.5 & n = 2 \\ 1 & n > 2 \end{cases} \tag{6-18}$$

式中：T_i ——路段 i 的行程时间；

w ——浮动车的权重；

D ——路段上每车道上的车流密度；

n ——路网上每1千米的车道上的浮动车数量。

利用两个月的现场数据进行比较分析，定点数据估计值与实测值的平均估计误差为15.81%，浮动车数据估计值与实测值的平均估计误差为20.21%，浮动车数据与定点数据估计结果简单平均后的估计值与实测值的平均估计误差为17.41%，利用式（6－19）进行加权平均后估计值与实测值的平均估计误差为15.73%，四种方法的估计值与实测值的相对误差相差不大，因此无论进行简单平均还是进行加权平均，融合后的效果均不理想。

6.2.3 定点数据、浮动车数据与历史数据的融合方法

Andrezj Tarko 和 Nagui Rouphail 详细介绍了定点数据、移动数据与历史数据的融合方法。芝加哥地区的 ADVANCE 项目是一个重要的出行者信息系统，系统结构如图 6－2 所示，在该系统中浮动车记录所经路段的行程时间并存储在随车携带的存储器里，同时行程时间数据也通过无线频道发送到交通信息中心。定点检测数据从交通控制系统获取，交通信息中心同时还收集轶事信息和其他信息来丰富系统的基础数据。这些数据被用于城市路网中每条路的行程时间预测，交通信息中心再把预测结果发送给浮动车去支撑整个路网的动态路径导航。

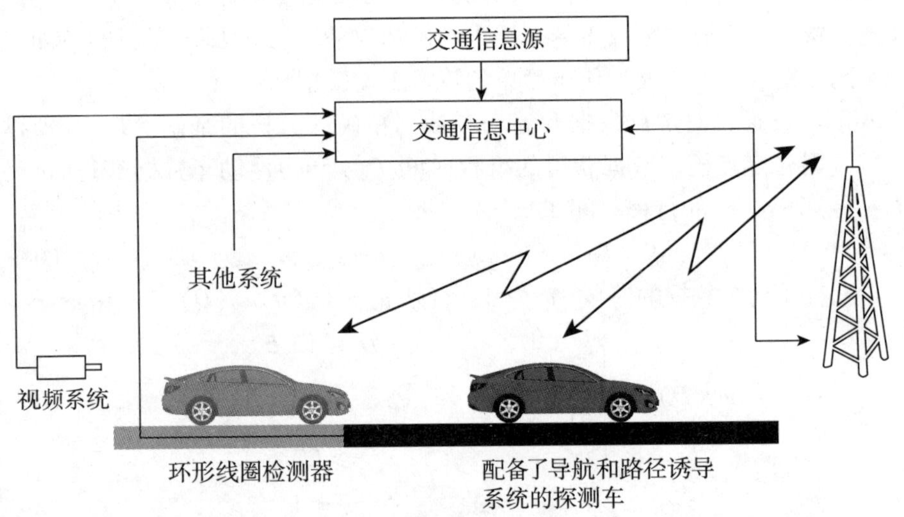

图 6－2 ADVANCE 系统结构示意

浮动车的行程时间数据，定点检测器的检测数据，历史数据和其他来源数据的融合是 ADVANCE 项目数据处理的重要环节。在 ADVANCE 项目实施过程中，起初仅仅可利用由浮动车采集的历史行程时间数据，后来通过环形线圈检测器的流量和占有率并应用相关算法去获取行程时间，同时通过对该算法的改进，利用浮动车采集数据作为一个在线数据来源的补充。融合算法在设计之初就考虑了算法必须满足两个条件：算法必须融合来自三个不同信息源的数据，分别是历史数据、浮动车数据和定点检测数据；为了能在线计算，算法必须简便。具体算法的实现过程如下：

第一步：用一个离线的回归模型由定点检测数据获取路段行程时间的估计值（EDTT）

许多关于信号控制条件下车辆延误的影响因素的研究表明，至少有三组因素影响车辆的路段行程时间：交通流参数，交通信号参数和地理位置。因而为了使通过检测数据获取信号控制路段行程时间的公式具有普遍的适用性，必须将上述因素通盘考虑，通过应用大量而且有代表性信号控制路段的离线检测数据的回归可以解决这个问题。当路段没有浮动车提供的行程时间数据的时候可以应用定点检测数据的回归方法获取路段行程时间，在 ADVANCE 项目建设初期，大多数路段都是通过这种方法获取行程时间。当交通不是很拥堵，路段的几何线型、交通信号参数以及其他条件如天气和光照条件保持不变的时候，检测器的检测值和路段行程时间存在唯一的关系，这就为建立特定路段的行程时间模型提供了契机。

例如，为了研究检测数据和路段每 15 分钟平均行程时间之间的关系，调查了 Dundee 主干路位于 Crofton 和 Arlington 之间的一段，通过对定点检测数据的回归分析，得到该路段定点检测数据与行程时间的模型如下：

$$EDTT = 60.1 + 1.58DO \tag{6-19}$$

相关系数 R^2 为 0.84，均差 σ =8.4 秒

式中：$EDTT$ ——路段行程时间的估计值；

DO ——占有率（%）。

第二步：统计最近一个时段路段浮动车的平均行程时间（$EPTT$）

在 15 分钟的统计时间里，可以没有或者有好几个浮动车的行程时间报告，通过第二步得到浮动车的平均行程时间，行程时间估计的均差如下：

$$\sigma_p = \frac{S}{\sqrt{N}} \tag{6-20}$$

式中：S ——在历史数据中浮动车行程时间数据的标准偏差；

N ——在最近的时间间隔内浮动车行程时间报告的条数。

第三步：融合 $EDTT$ 和 $EPTT$ 获取路段在线行程时间估计值（$EOTT$）

假定由定点检测数据获取的行程时间 $EDTT$ 服从均差为 σ_D^2 的先验分布；由浮动车数据获取的行程时间 $EPTT$ 服从均差为 σ_P^2 的先验分布，对于这两种分布都知道它的方差和标准差。可以通过下式在线获取行程时间：

$$EOTT = \frac{EDTT/\sigma_D^2 + EPTT/\sigma_P^2}{1/\sigma_D^2 + 1/\sigma_P^2} \tag{6-21}$$

按下式计算 $EOTT$ 的方差估计 σ_O^2：

$$\sigma_O^2 = \frac{DF}{DF+N}[\sigma_D^2 + (EDTT - EOTT)^2] + \frac{N}{DF+N}[\sigma_P^2 + (EPTT - EOTT)^2)] \tag{6-22}$$

式中：DF ——方差 σ_P^2 的自由度；

N ——浮动车提供的行程时间报告条数，其他符号意义如上。

第四步：将 *EOTT* 与路段的历史行程时间（*ESTT*）融合得到路段最终的行程时间（*EFTT*）

将历史行程时间 *ESTT* 与 *EOTT* 融合，如步骤三：

$$EFTT = \frac{ESTT/\sigma_S^2 + EOTT/\sigma_O^2}{1/\sigma_S^2 + 1/\sigma_O^2} \tag{6-23}$$

式中：σ_S^2——从历史库中获取的行程时间方差。

6.2.4 现有融合方案的评价

定点数据与定点数据的融合主要是应用于基础交通信息估计中减少估计误差方面，杨兆升利用分批估计和加权平均的方法提出了路段“时间—空间”平均速度组合融合算法；姜桂艳提出在进行基础交通信息预测时，可以根据各种预测方法的特点，通过不同方法的组合，提高预测信息的精确程度。虽然这两种方法对提高交通参数估计和预测的准确性方面都有效果，但就数据融合本身而言，这两种方法都属于同源数据融合，融合的层次性低。

在定点数据与浮动车数据的融合方法中，一种是利用定点数据修正浮动车数据，该方法以浮动车检测数据为主，定点检测数据为补充，采用统计方法融合定点数据和浮动车数据，减少行程时间估计误差。采用该融合方法必须满足两个条件：①同一路段所有车辆的行驶时间相同；②定点数据统计时间大于浮动车数据采集时间，且两者之间成倍比关系。由于两个条件很难同时满足，导致模型的实用性差。另一种是利用定点数据和浮动车数据分别估计行程时间等交通信息，然后对这两种方法的估计结果赋予不同权重，综合得到行程时间等交通信息的估计结果。Rui Wang 的实测数据表明，无论是进行简单平均还是加权平均该方法的融合效果均不理想，而且用加权平均时权重的确定条件比较麻烦。

定点数据、浮动车数据与历史数据的融合方法中，主要是介绍了 ADVANCE 项目中使用的融合方法，该方法主要通过定点数据（环形线圈）由模型计算得到区段（多个相连的路段）的行程时间。但模型在路段交通过饱和时准确性差；由单点数据获得区段交通信息造成模型的代表性差；不同检测位置模型的基本参数不同造成模型的可移植性差；另外该方案以定点检测数据为主，数据采集成本大，对发展中国家的交通信息化建设缺少指导意义。

利用浮动车采集技术可以获取路网交通信息，而且可以实现全天候、大范围的采集，检测成本小、效率高。如果在基于浮动车的交通信息采集系统中能利用定点检测数据修正浮动车采集的交通信息，提高基于浮动车采集的交通信息的准确程度，这样的方法不失为一种很好的定点数据与浮动车数据融合的新方法，而且由于以浮动车检测方式为主，数据采集成本小，这样的融合模式有利于推动发

展中国家的交通信息化建设。

6.3 浮动车车速处理分析系统中的数据融合技术研究

6.3.1 浮动车车速处理分析系统简介

城市道路车速不仅是进行城市交通网络状况评价、交通阻抗函数标定及未来路网方案确定的重要依据，也可以作为重要的交通信息向出行者发布。传统的道路车速调查是通过人工方式开车在道路上实测车速，测量时先记录行驶的道路名称，行驶的道路里程和时间，然后计算得到行驶路段的平均车速。传统的人工调查方法不仅成本高而且效率低，同时由于样本量比较少，得到的车速并不能很好地反映所测路段各个时段整体的车速状况。基于浮动车的交通信息采集技术与传统的车速获取方法相比，可以实现全天候、大范围的采集，检测成本小、效率高。

基于浮动车的交通信息采集方法是在车辆上配备 GPS 定位装置，以一定采样间隔记录日期、时间、车辆位置和车辆瞬时速度，再将数据传入计算机并与地理信息系统（GIS）的电子地图重叠，经分析得到路网车速等交通信息。国内很多城市如上海、深圳的出租车中很多安装了 GPS 卫星定位系统，构成庞大的浮动车系统数据源，有很好的浮动车交通信息采集环境。深圳城市交通仿真系统开发的深圳浮动车路网车速实时处理分析系统利用浮动车采集来的经纬度信息，每 5 分钟处理一次，经处理后获取深圳市路网的实时车速，并将处理后的车速存入道路车速数据库。在此基础上可以利用系统动态更新道路车速，也可以根据用户条件查询与统计道路车速。同时系统可以以对内信息发布和对外信息发布两种不同的方式发布道路车速信息，系统结构如图 6－3 所示。

在深圳浮动车路网车速实时处理分析系统中首先考虑以出租车作为浮动车建立车速处理分析系统，通过深圳市的 5000 多辆浮动车的采集数据实时获取深圳路网车速。单就数据处理规模而言，本系统目前为世界上最大的基于浮动车采集的路网实时车速处理分析系统。系统在近期主要是对浮动车采集数据进行处理分析得到路网车速，然后通过路网车速判断路网的交通状态。但随着系统的逐步升级，通过对采集数据的处理，系统还能够提供实时诱导、旅行时间等交通信息。

6.3.2 浮动车车速处理分析系统的关键技术

1. 地图匹配技术

地图匹配是一种基于软件技术的定位修正方法，其基本思想是将车辆定位轨迹与数字地图中的道路网信息联系起来，并以此确定车辆相对于地图的位置，通

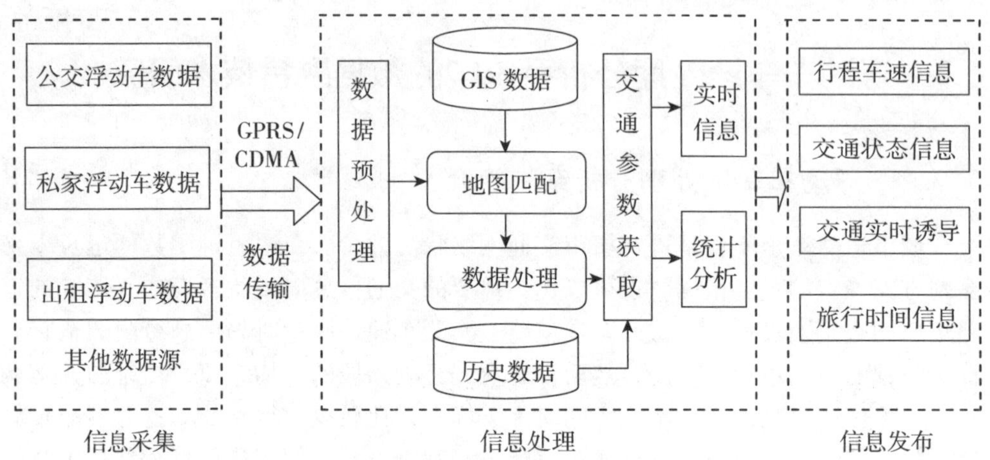

图 6－3　浮动车路网车速处理分析系统的结构

过车辆轨迹与数字地图提供的路径相比较，将车辆位置与道路网通过模式识别和匹配来确定车辆最可能的行驶路线以及车辆在该路段中的最大可能位置，为进一步进行道路车速分析提供数据来源。

对于初始周期浮动车采集来的 GPS 数据，地图匹配算法是依据距离最短的原则计算最大可能位置，是原始 GPS 数据基于道路车速数据的高效空间索引垂直投影到最临近的道路上，投影位置即为 GPS 修正位置。经过初始位置地图匹配后，可将车辆定位到所在路段，后续周期的 GPS 数据就可以按照 GPS 数据中的方向信息，以该周期与上一周期的时间间隔和该路段的极限速度得到最大可能行驶距离，以该距离为阈值置信区域，以行驶方向、路段为约束，以投影距离最小为原则，计算该时刻车辆最大可能位置，即为该周期的 GPS 修正位置。如果该区域仅包含一个路段或一个交叉口和两个路段，只需进行一次匹配，把坐标综合或进一步处理作为车辆的位置；如果该区域不止一个交叉口或多个路段，则需要进行连通性检验以确定车辆最可能的位置，就可能需要多次匹配。同时，本次位置具有不确定性，就需要结合后续的 GPS 数据检验其位置最大可能性。

2. 道路的动态分段技术

道路的动态分段技术，是 GIS 中一种对线性特征的属性动态分析显示的技术，即某一线性特征的属性在用 GIS 进行分析显示时，其图形分布空间地理位置通过计算其属性表的数据而来。该技术对 GIS－T 在城市路网交通的状态表达和路径分析中极为关键。对于一条道路来说，尤其是对于距离较长、交通状态差别或变化较大的路段，难以用一个平均速度表达整条道路的交通状态。而采用动态分段技术，把平均速度作为路段属性，对路段按照当前平均速度分布状况进行动

态调整，形成若干个虚的分路段，然后在全路网的 GIS 地图上用不同颜色代表不同范围内的车速，就可以比较合理地表现当前路网车速和路网交通状态。

3. **路段车速处理技术**

地理信息系统 GIS 可以提供路段长度 L 的估计，很显然估计结果的准确性与所用的电子地图的精确性有关，随着电子地图技术的发展，用 GIS 技术完全可以实现对路段长度的估计。考虑到地球是个椭圆体，已知两点经度与纬度坐标，可以根据下列公式计算两点 AB 间的路段长度 L，设两点 A、B 的经、纬度分别为 (jA, wA)、(jB, wB)，则半径为 R 的地球表面上两点间的最短距离为：

$$L = R \cdot Arccos[\sin(wA) \cdot \sin(wB) + \cos(wA) \cdot \cos(wB) \cdot \cos(jA - jB)] \quad (6-24)$$

提取当前时段内（5 分钟，可根据发布参数调整）的浮动车定位数据，根据浮动车定位数据，通过地图匹配和计算模型处理后得到当前时段内路网中各路段的计算车速。对于同一辆车，当前后两个 GPS 定位数据点分别落在路段 1 和路段 2，如图 6－4 所示，采用简单的计算公式如下：

$$V_{T1} = V_{T2} = \frac{L_1 + L_2}{T_2 - T_1} \quad (6-25)$$

式中：V_{T1}、V_{T2} ——路段 1 行程车速、路段 2 行程车速；

L_1、L_2 ——路段 1 匹配长度、路段 2 匹配长度；

T_1、T_2 ——前后两个点的时刻。

在数据统计时间间隔内，取路段上的浮动车行程车速的平均值作为路段浮动车的平均行程车速，路段浮动车平均车速是指未经车速融合仅通过路段上浮动车 GPS 数据获取的车速，该车速可由路段上的一辆或多辆浮动车数据获得。

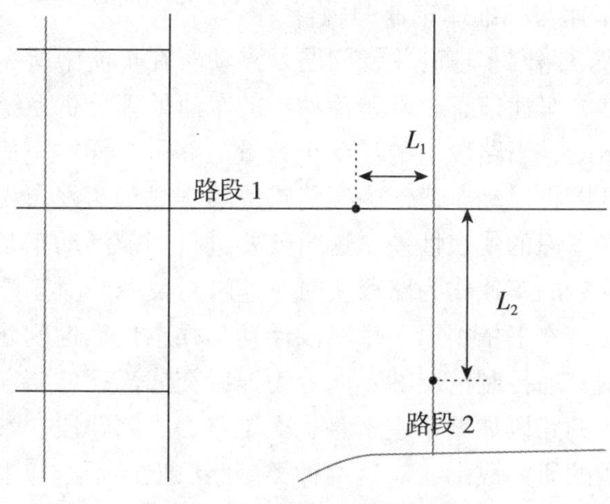

图 6－4　行程车速的计算

6.3.3 浮动车车速处理分析系统中的数据融合技术研究

1. 浮动车车速处理分析系统中数据融合的框架

本书在基于浮动车采集的路网实时车速处理分析系统里提出了一种利用定点检测数据判断路网交通状态的变化，依结果动态修正标准库车速，并与浮动车采集数据相融合的新方法，该融合方法的框架如图6－5所示，图6－5包括了浮动车数据与浮动车数据的融合，该融合方法是为了区分浮动车车速处理分析系统中高架和地面车速，快速路主线和辅线车速。

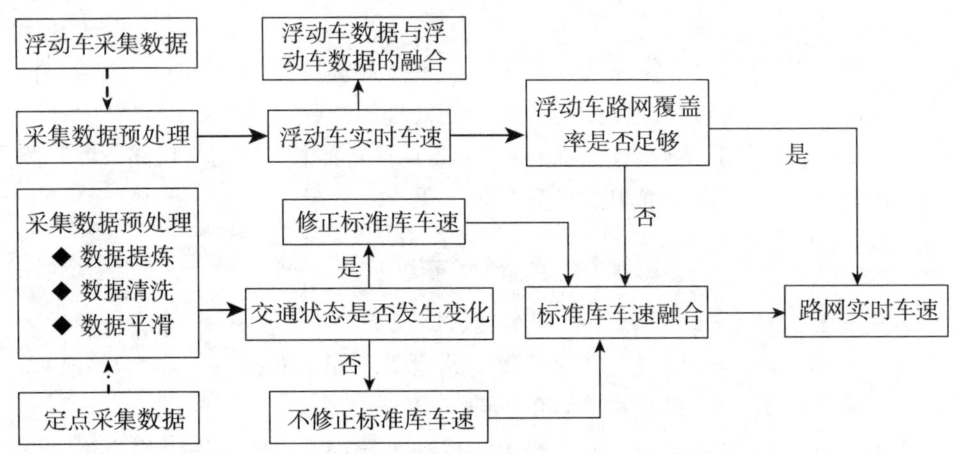

图6－5 浮动车车速处理分析系统中的数据融合框架

2. 浮动车数据与标准库数据的融合

（1）浮动车车速与标准库车速的融合

利用浮动车采集路网车速的关键问题是浮动车在车流中所占比率达到多少才能反映准确、可靠的车速信息。基于浮动车的车速处理分析系统是以路段为单元进行交通信息发布的，当路段上的浮动车数量足够时，样本车速能代表路段车流总体车速，这时可以将浮动车速作为当前路段的实时车速发布出去；而当浮动车的数量不够，样本车速的代表性差，这时就要进行当前浮动车车速与标准库车速的融合，并将融合后的车速作为路段实时车速进行发布。对于浮动车车速数据与标准库车速的融合，本书依据第3章路段浮动车样本代表性问题的研究成果，也将融合的路段依据交通控制情况的不同分为连续交通流下的路段如城市快速路路段和间断交通流下的路段如城市主干路、次干路、支路路段。参考前面路段浮动车样本代表性问题的研究成果，对这两种类型路段上浮动车样本车速与标准库车速的融合问题分别研究。

①连续流路段浮动车车速与标准库车速的融合

在第2章路段浮动车样本代表性问题的研究成果中，在一定的采样时间内（本系统为5分钟）连续流路段也就是城市快速路路段浮动车样本的代表性跟路段的交通状态和浮动车样本的多少有关。当交通拥挤时可以用较少的浮动车就可以实现对车流总体车速信息的把握；而当交通状况较好，车流不拥挤的时候，由于车流的离散性大，就要用较多的浮动车实现对路段车速的整体把握，参照第3章连续交通流条件下路段车速代表性问题的研究成果，当快速路路段上浮动车数小于10辆时就要进行城市快速路路段浮动车车速与标准库车速的融合，按照式（6－26）进行融合，标准库车速采用的权重如表6－1所示。

$$Spd = \begin{cases} spd_1 \times (1-\lambda) + spd_2 \times \lambda & \text{if } floating\ car < 10 \\ spd_1 & otherwisw \end{cases} \tag{6-26}$$

式中：Spd ——融合后的快速路路段车速；

spd_1 ——未融合前的快速路路段浮动车车速；

spd_2 ——标准库快速路路段车速；

λ ——标准库车速权重；

$floatingcar$ ——系统中路段上的浮动车数量。

表6－1　　连续流路段（快速路）标准库车速权重

标准库车速权重		路段浮动车数（辆）										
		0	1	2	3	4	5	6	7	8	9	10
路段交通状态	A	1	0.9	0.8	0.7	0.6	0.5	0.4	0.3	0.2	0.1	0
	B	1	0.9	0.8	0.7	0.6	0.5	0.4	0.3	0.2	0.1	0
	C	1	0.8	0.6	0.4	0.2	0	0	0	0	0	0
	D	1	0.75	0.5	0.25	0	0	0	0	0	0	0
	E	1	0	0	0	0	0	0	0	0	0	0
	F	1	0	0	0	0	0	0	0	0	0	0

注：快速路路段交通状态由定点检测数据（流量）判断。

②间断流路段浮动车车速与标准库车速的融合

利用第3章路段浮动车样本的代表性问题研究成果，在5分钟的采样间隔时间内，在间断流路段（主干路、次干路、支路）上用3%～5%的车辆就可以实现路段上浮动车样本的行程车速均值与车流总体均值的偏差（MPPE）小于5%。

应用该成果并结合系统的实际需求，当路段上的浮动车数小于5辆时系统就要进行路段浮动车平均车速与标准库车速的融合，城市主干路、次干路、支路上路段浮动车车速与标准库车速按照式（6－27）进行融合，融合时先计算当前5分钟浮动车路段车速、路段当前时刻标准库车速的基础上，按照数据可信度分配不同数据源一定的权重，对当前5分钟浮动车路段车速、标准库车速值进行融合，计算得到融合后的车速作为路段当前实时车速，融合时标准库车速采用的权重如表6－2所示。

$$Spd = \begin{cases} spd_1 \times (1-\lambda) + spd_2 \times \lambda & if\ floating\ car < 5 \\ spd_1 & otherwisw \end{cases} \tag{6-27}$$

式中：Spd——融合后主干路、次干路、支路路段车速；

spd_1——未融合前的主干路、次干路、支路路段浮动车车速；

spd_2——标准库主干路、次干路、支路路段车速；

λ，*floating car* 意义同上。

表6－2　间断流路段（主干路、次干路、支路）标准库车速权重

路段浮动车数（5分钟）	0	1	2	3	4	5
标准库车速权重	1	0.8	0.6	0.4	0.2	0

（2）标准库车速的动态修正

开发基于浮动车采集的路网车速度处理分析系统的目的在于全面把握广域路网车速信息，当路网中的浮动车的覆盖率不够的时候，就要用浮动车的实时车速与标准库车速融合。因此，构建路网车速标准库就显得尤其重要。在浮动车车速处理分析系统里面标准库车速值是路段（快速路、主干路、次干路、支路）在以往与统计时段相同时段（按工作日、双休日、节假日分成6种组合）路段上浮动车车速统计值的平均，某一时段标准库车速如表6－3所示。

表6－3　工作日某一时段的标准库车速（km/h）

时间	快速路	主干路	次干路	支路
…	…	…	…	…
7：50	71	34	26	25
7：55	65	31	25	24
8：00	58	29	25	25
8：05	55	31	23	22

续　表

时间	快速路	主干路	次干路	支路
8：10	52	27	24	21
8：15	50	28	22	24
8：20	52	30	20	19
8：25	52	27	19	22
8：30	48	26	18	23
8：35	46	24	18	19
8：40	45	25	21	20
8：45	45	28	20	21
…	…	…	…	…

为了全面反映路网实时车速，标准库车速就要随路网实际的交通状况而发生变化，定点检测数据流量能直观反映路网的交通状况，依直观的感觉流量增多交通状况变差，反之交通状况变好，而交通状态的变化又导致了车速的变化，所以路网流量变化的同时车速也发生变化。

在深圳快速路上建立交通控制点，控制点的分布应尽量均匀。按工作日、双休日、节假日，统计快速路控制点车道的平均车流量（折算成 PCU 后），取饱和流率 1600PCU/H，利用饱和度（v/c）依据下表计算快速路服务水平，作为快速路的交通状态标准库，如表 6－4、表 6－5 所示。

表 6－4　　城市快速路服务水平

服务水平	A	B	C	D	E	F
饱和度	$\frac{v}{c} \leqslant 0.6$	$0.6 < \frac{v}{c} \leqslant 0.7$	$0.7 < \frac{v}{c} \leqslant 0.8$	$0.8 < \frac{v}{c} \leqslant 0.9$	$0.9 < \frac{v}{c} \leqslant 0.95$	$\frac{v}{c} > 0.95$

表 6－5　　快速路控制点工作日交通状态库

时间	快速路平均每车道流量（5 分钟）	快速路交通状态
…	…	…
7：00	67	A
7：05	63	A

续 表

时间	快速路平均每车道流量（5 分钟）	快速路交通状态
7：10	61	A
7：15	71	A
7：20	75	A
7：25	79	A
7：30	83	B
7：35	85	B
7：40	100	C
7：45	100	C
7：50	92	B
7：55	105	C
8：00	108	D
8：05	113	D
8：10	117	D
8：15	118	D
8：20	122	E
8：25	121	E
8：30	121	E
8：35	124	E
8：40	130	F
8：45	132	F
…	…	…

计算当前控制点的平均车道流量，根据流量判断交通状态，如果连续两个周期内交通状态跟控制点交通状态库中的交通状态不一致，那么第三个检测时段，标准库车速就要修正，修正时用当前路段（分快速路、主干路、次干路、支路）浮动车车速统计值的平均，修正后的工作日某时段标准库如表 6 - 6 所示。

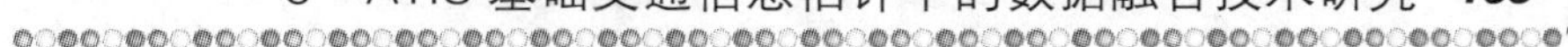

表 6-6　　修正后工作日某一时段的标准库车速

时间	快速路	主干路	次干路	支路
…	…	…	…	…
7：50	71	34	26	25
7：55	65	31	25	24
8：00	58	29	25	25
8：05	55	31	23	22
8：10	52	27	24	21
8：15	50	28	22	24
8：20	52	30	20	19
8：25	52	27	19	22
8：30	48	26	18	23
8：35	53	29	25	23
8：40	52	29	26	22
8：45	45	28	20	21
…	…	…	…	…

3. 浮动车数据与浮动车数据的融合

对于路网不是很复杂的一般城市来说，应用上面的各种算法可以得到路网车速，但对于具有复杂路网的大城市，如上海、深圳等，尤其在路网中有高架、主辅线相交的地方，由于 GPS 精度和天线灵敏度的问题，仅根据经纬度数据很难判断浮动车是在高架上行驶，而系统统计的车速是高架和地面车速的平均值，并不能很好地反映实际道路车速；同样，仅靠经纬度数据也很难判断浮动车是在快速路主线还是在辅线上行驶。

Rui Wang 提出了利用浮动车数据与浮动车数据的聚类分析来解决复杂路网下浮动车车速的处理问题的思想。该方法是对路段上所有车辆的瞬时车速数据或计算的行程车速进行聚类分析，根据交通流特征将数据分为两簇，一簇为高架上层道路/主道，另一簇为高架下层道路/辅道。利用 MATLAB 软件完成浮动车样本的聚类分析，并假定车速服从正态分布进行检验，以深南大道东向西行驶车辆的瞬时车速为样本进行聚类分析如下（见图 6-6）。

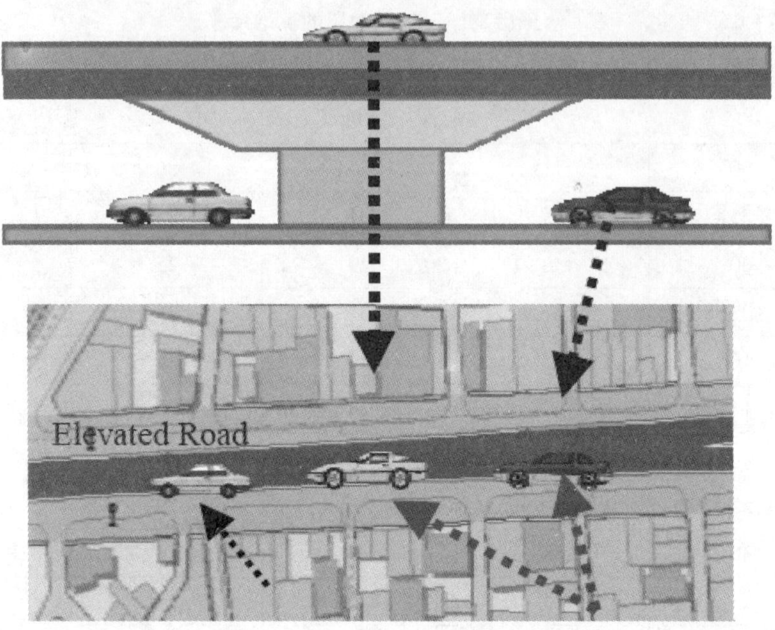

图 6－6　复杂路网下的浮动车分布

样本：

A. 样本原始数据

日期	时间	车号	速度	路段 ID	营运状态	Head	GPS_ X	GPS_ Y
2006/09/06	17:46:03	13632984870	0	11509	TRUE	H	112536. 6145	19136. 49152
2006/09/06	17:46:14	13510354967	0	11509	TRUE	H	112540. 1017	19136. 43808
2006/09/06	17:46:17	13825264314	37	11509	FALSE	H	112237. 9127	19059. 80214
2006/09/06	17:48:01	13500064434	0	11509	FALSE	H	112528. 0426	19132. 85879
2006/09/06	17:48:39	138254595	23	11509	FALSE	H	112538. 4154	19140. 11732
2006/09/07	17:45:42	13632984494	36	11509	TRUE	H	112224. 7378	19089. 55687
2006/09/07	17:46:47	13632984695	42	11509	TRUE	H	112308. 758	19102. 99954
2006/09/07	17:46:58	13632984869	75	11509	TRUE	H	112420. 0909	19117. 90504
2006/09/08	17:48:25	13827412409	24	11509	FALSE	H	112284. 5577	19090. 52786
2006/09/08	17:49:26	13827427006	35	11509	FALSE	H	112591. 8186	19163. 32289
2006/09/08	17:49:42	13827427101	3	11509	TRUE	H	112294. 4931	19070. 00881
2006/09/08	17:49:54	13827491523	54	11509	FALSE	H	112422. 0379	19130. 82738
2006/09/11	17:46:30	13632984458	70	11509	TRUE	H	112572. 686	19147. 00954

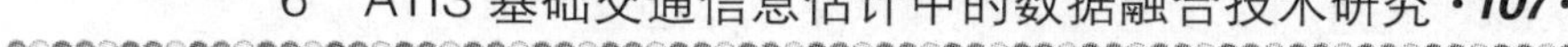

续 表

日期	时间	车号	速度	路段 ID	营运状态	Head	GPS_ X	GPS_ Y
2006/09/11	17:47:50	13510354292	25	11509	FALSE	H	112524. 7448	19138. 44472
2006/09/11	17:47:56	13825275074	27	11509	FALSE	H	112523. 0012	19138. 47143
2006/09/11	17:48:04	13825275074	42	11509	FALSE	H	112442. 4632	19124. 9801
2006/09/11	17:49:26	13632984459	31	11509	TRUE	H	112586. 4872	19150. 45135
2006/09/11	17:49:57	13510354284	40	11509	FALSE	H	112399. 7526	19129. 28581
2006/09/12	17:45:02	13827411437	21	11509	FALSE	H	112279. 0225	19064. 71011
2006/09/12	17:45:39	13632984606	61	11509	FALSE	H	112230. 0398	19100. 54519
2006/09/12	17:46:26	13827411276	15	11509	TRUE	H	112509. 3324	19136. 90944
2006/09/12	17:46:39	13825273274	47	11509	FALSE	H	112209. 2675	19084. 25773
2006/09/12	17:47:20	13827411276	21	11509	TRUE	H	112178. 5012	19084. 72541
2006/09/12	17:48:42	13827442189	20	11509	TRUE	H	112538. 5318	19147. 53303
2006/09/12	17:49:36	13827442189	0	11509	TRUE	H	112526. 299	19132. 88551

B. 利用 MATLAB 进行聚类分析

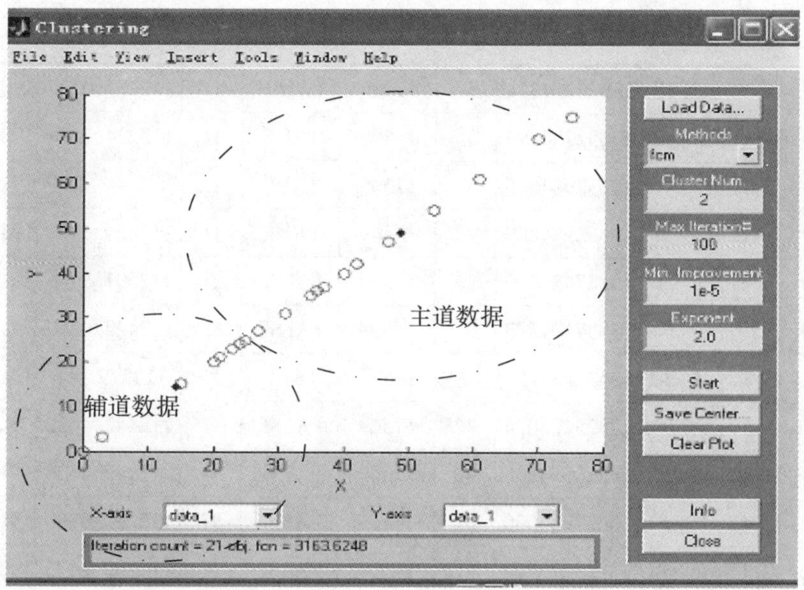

第一簇：

2006－9－6	17:46:03	13632984870	0	11509	TRUE	H	112536. 6145	19136. 49152
2006－9－6	17:46:14	13510354967	0	11509	TRUE	H	112540. 1017	19136. 43808
2006－9－6	17:48:01	13500064434	0	11509	FALSE	H	112528. 0426	19132. 85879
2006－9－6	17:48:39	13825264595	23	11509	FALSE	H	112538. 4154	19140. 11732
2006－9－8	17:48:25	13827412409	24	11509	FALSE	H	112284. 5577	19090. 52786
2006－9－8	17:49:42	13827427101	3	11509	TRUE	H	112294. 4931	19070. 00881
2006－9－11	17:47:50	13510354292	25	11509	FALSE	H	112524. 7448	19138. 44472
2006－9－11	17:47:56	13825275074	27	11509	FALSE	H	112523. 0012	19138. 47143
2006－9－11	17:49:26	13632984459	31	11509	TRUE	H	112586. 4872	19150. 45135
2006－9－12	17:45:02	13827411437	21	11509	FALSE	H	112279. 0225	19064. 71011
2006－9－12	17:46:26	13827411276	15	11509	TRUE	H	112509. 3324	19136. 90944
2006－9－12	17:47:20	13827411276	21	11509	TRUE	H	112178. 5012	19084. 72541
2006－9－12	17:48:42	13827442189	20	11509	TRUE	H	112538. 5318	19147. 53303
2006－9－12	17:49:36	13827442189	0	11509	TRUE	H	112526. 299	19132. 88551

均值：15　标准差：11. 72

第二簇：

2006－9－6	17:46:17	13825264314	37	11509	FALSE	H	112237. 9127	19059. 80214
2006－9－7	17:45:42	13632984494	36	11509	TRUE	H	112224. 7378	19089. 55687
2006－9－7	17:46:47	13632984695	42	11509	TRUE	H	112308. 758	19102. 99954
2006－9－7	17:46:58	13632984869	75	11509	TRUE	H	112420. 0909	19117. 90504
2006－9－8	17:49:26	13827427006	35	11509	FALSE	H	112591. 8186	19163. 32289
2006－9－8	17:49:54	13827491523	54	11509	FALSE	H	112422. 0379	19130. 82738
2006－9－11	17:46:30	13632984458	70	11509	TRUE	H	112572. 686	19147. 00954
2006－9－11	17:48:04	13825275074	42	11509	FALSE	H	112442. 4632	19124. 9801
2006－9－11	17:49:57	13510354284	40	11509	FALSE	H	112399. 7526	19129. 28581
2006－9－12	17:45:39	13632984606	61	11509	FALSE	H	112230. 0398	19100. 54519
2006－9－12	17:46:39	13825273274	47	11509	FALSE	H	112209. 2675	19084. 25773

均值：49　标准差：14. 06

C. 假设检验

假设两个簇均服从正态总体，$\sigma_1 \neq \sigma_2$ 且未知

$H_0: \mu_1 = \mu_2 \qquad H_1: \mu_1 \neq \mu_2$

已知第一簇：$n_1 = 14 \quad \bar{x} = 15 \quad s_1^2 = 11.72^2$

第二簇：$n_2 = 11 \quad \bar{y} = 49 \quad s_2^2 = 14.06^2$

在 H_0 成立时统计量 t 近似地服从调整自由度后的 t' 分布

$$t' = \frac{(\bar{x} - \bar{y}) - (\mu_1 - \mu_2)}{\sqrt{\frac{s_1^2}{n_1} + \frac{s_2^2}{n_2}}} \sim t_{df'}$$

$$= \frac{49 - 15}{\sqrt{\frac{11.72^2}{14} + \frac{14.06^2}{11}}}$$

$$= 6.45$$

调整后的自由度的计算公式为

$$df' = \frac{\left(\frac{s_1^2}{n_1} + \frac{s_2^2}{n_2}\right)^2}{\frac{(s_1^2/n_1)^2}{n_1} + \frac{(s_2^2/n_2)^2}{n_2}} = 21.3$$

对于 $\alpha = 0.05$ ，查 t 分布表，$t_{0.025}(5) = 2.0796$，$t_{0.025}(6) = 2.0739$。而 $|t| = 6.45 > t_{1-\frac{\alpha}{2}}$ ，所以拒绝 H_0 ，即认为这两簇的平均值有显著变化。

利用该方法可以对浮动车车速数据进行聚类，将浮动车数据分成两簇，一簇为高架上层道路/主道，另一簇为高架下层道路/辅道。但由于无法确定哪一簇是属于高架下层道路/辅道还是高架上层道路/主道，所以该方法的实用性不强。

利用浮动车与定点检测器进行车速数据的决策级融合，就可以解决复杂路网中道路车速的处理问题。根据不同来源检测器的特点，通过异构数据同构化，对车速进行融合，得到可信度较高的结果。为了真实反映深圳路网的实际车速，对于高架、主线上的车速主要是通过定点检测获取，但由于实际条件制约，本书对浮动车和定点检测数据的决策级融合未能深入研究。

6.4　本章小结

在 ATIS 基础交通信息的融合技术研究中，总结了数据融合技术在基础交通信息中减少估计误差中的应用。然后提出了一种利用定点数据判断路网交通状态是否发生变化，依据结果修正标准库车速，然后与浮动车数据进行融合的新方法，该方法基于浮动车采集的路网车速处理分析系统中得到应用。

参考文献

[1] 杨晓光. 中国交通信息化与发展智能交通运输系统问题研究 [J]. 交通运输系统工程与信息, 2001, 1 (3): 192 - 202.

[2] 贾丹. ATIS 系统的信息服务 [J]. 辽宁工程学院学报, 2002, 22 (4): 8 - 10.

[3] 关积珍. ITS 共用信息平台系统结构与集成 [J]. 交通运输系统工程与信息, 2002, 2 (4): 11 - 16.

[4] 吴建, 陆建. 城市智能交通管理综合信息平台研究 [M]. 第一届中国智能交通年会书集. 上海: 同济大学出版社, 2005.

[5] 郭继孚, 等. 北京市交通综合信息平台示范工程项目研究和建设 [J]. 交通运输系统工程与信息, 2004, 4 (3): 7 - 10.

[6] 杨佩昆. 智能交通运箱系统体系结构 [M]. 上海: 同济大学出版社, 2001.

[7] 闫凤良, 董宝田. 综合交通信息系统平台的构建 [J]. 交通科技与经济, 2006 (5): 98 - 100.

[8] 谢振东, 章威, 徐建闽. ITS 共用信息平台结构设计 [J]. 网络技术与应用, 2002, 32 (8): 62 - 64.

[9] 陈伟. ITS 中交通信息系统的理论技术及其应用研究 [D]. 武汉: 武汉理工大学, 2002.

[10] 裴玉龙, 张宇. 城市交通信息系统结构方案研究 [J]. 东北公路, 2003, 26 (2): 139 - 141.

[11] 关积珍. 城市道路交通动态信息采集与融合的探讨 [C]. 杭州: 2003 年全国智能交通系统交通信息采集与融合技术研讨会书集, 2003.

[12] 姜桂艳. 道路交通状态判别技术与应用 [M]. 北京: 人民交通出版社, 2004.

[13] 周商吾. 交通工程 [M]. 上海: 同济大学出版社, 1987.

[14] 张存宝, 杨晓光, 严新平. 移动交通检测系统中探测车的样本数量 [J]. 中国公路学报, 2007, 20 (1): 96 - 101.

[15] 高作刚. 面向大城市的道路交通数据利用关键技术研究 [D]. 上海: 同济大学, 2005.

[16] 李春田. 标准化概论 [M]. 3 版. 北京: 中国人民大学出版社, 1995.

[17] 杨琪, 王笑京, 等. 智能交通系统标准体系原理与方法 [M]. 北京: 中国铁道出版社, 2003.

[18] 姜桂艳, 等. 动态交通数据故障识别与修复方法 [J]. 交通运输工程学报, 2004, 4 (1): 121 - 125.

[19] 王珺, 吴兵, 王靖阳. ITS 实时检测交通数据的质量控制技术探讨 [J]. 交通与运输, 2005, B07: 30 - 32.

[20] 李莜菁, 孟庆春, 魏振钢, 等. GPS 技术在城市交通状况实时检测技术中的应用 [J]. 青岛海洋大学学报, 2002 (5): 475 - 481.

[21] 陈玉祥, 张汉亚. 预测技术与应用 [M]. 北京: 机械工业出版社, 1985.

[22] 张若旗. 数据融合技术在动态交通信息研究中的应用 [D]. 吉林: 吉林大学, 2002.

[23] 王殿海. 交通流理论 [M]. 北京: 人民交通出版社, 2002.

[24] 裴玉龙, 马骥. 实时交通数据的筛选与恢复研究 [J]. 土木工程学报, 2003, 36 (7): 78 - 83.

[25] 孙立军, 杜豫川, 袁文平, 等. 上海市高架道路交通监控系统研究及工程示范报告 [R]. 2005. 8.

[26] 潘承毅, 何迎晖. 数理统计的原理与方法 [M]. 上海: 同济大学出版社, 1992.

[27] 汪海渊, 朱彦东, 杨东援. 数据融合技术及其在交通领域中的应用 [J]. 交通与计算机, 2001, 19 (101): 42 - 45.

[28] 刘同明, 夏祖勋, 解洪成. 数据融合技术及其应用 [M]. 北京: 国防工业出版社, 1998.

[29] 国防科技信息中心. 美国国防部关键技术报告 (1992 财年) [R]. 北京, 1993.

[30] WALTZ E, LLINAS J. 多传感器数据融合 [M]. 赵宗贵, 等, 译. 电子部二十八所, 1997.

[31] 何友, 王国宏, 等. 多传感器信息融合及其应用 [M]. 北京: 电子工业出版社, 2000.

[32] 王耀南. 计算智能信息处理技术及其应用 [M]. 长沙: 湖南大学出版社, 1999.

[33] 吴志周. 先进的出行者信息系统评价方法研究 [M]. 上海：同济大学出版社，2003.

[34] 刘智勇. 智能交通控制理论及其应用 [M]. 北京：科学出版社，2003.

[35] 张汝华，杨晓光，严海. 先进的交通管理系统信息融合问题研究 [C]. 杭州：2003 年全国智能交通系统交通信息采集与融合技术研讨会书集，2003：6－13.

[36] 王耀南，等. 多传感器信息融合及其应用综述 [J]. 控制与决策，2001，15 (5)：518－522.

[37] 吴志周，杨晓光，高佳发. ATIS 数据融合模型的研究 [J]. 交通与计算机，2005，23 (123)：7－10.

[38] 康耀红. 信息融合理论与应用 [M]. 西安：西安电子科技大学出版社，1997.

[39] 赵宗贵，耿立贤. 多传感器数据融合 [M]. 南京：电子工业部二十八研究所，1993.

[40] 赵宗贵. 数据融合方法概论 [M]. 南京：电子工业部二十八研究所，1998.

[41] 徐毅，等. 数据融合研究的回顾与展望 [J]. 信息与控制，2002，31 (3)：250－255.

[42] 温慧敏，杨兆升. 交通事件检测技术的进展研究 [J]. 交通运输工程与信息，2002，5 (1)：26－28.

[43] 张敬磊，王晓原. 交通事件检测算法研究进展 [J]. 武汉理工大学学报，2005，29 (2)：215－218.

[44] 温慧敏. 高速交通公路事件管理系统关键理论与技术研究 [D]. 长春：吉林大学，2002.

[45] 韩国华. 高速公路交通事件管理系统关键技术研究 [D]. 长春：吉林大学，2005.

[46] 温慧敏. 交通事件检测数据融合技术研究 [C]. 第一届中国智能交通年会书集. 上海：同济大学出版社，2005.

[47] 杨兆升，王爽，马道松. 基础交通信息融合方法综述 [J]. 公路交通科技，2006，23 (3)：111－116.

[48] 杨兆升. 基础交通信息融合技术及其应用 [M]. 北京：中国铁道出版社，2005.

[49] 杨兆升，杨庆芳，冯金巧. 路段平均速度组合融合算法及其应用 [J]. 吉林大学学报，2004，34 (4)：675－678.

[50] 陈希孺. 高等数理统计学 [M]. 合肥: 中国科学技术出版社, 1999.

[51] 刘智勇, 李水友. 基于信息融合技术的交通量检测方法 [J]. 公路交通科技, 2003 (2): 81 - 84.

[52] 姜桂艳, 江龙晖, 王江锋, 等. 信息融合技术在道路交通参数预测中的应用 [J]. 情报科学, 2004, 22 (4): 435 - 437.

[53] 孙建平, 温慧敏, 郭继孚. 浮动车交通信息采集系统建设框架研究 [C]. 第一届中国智能交通年会书集, 2005: 385 - 387.

[54] 薛美根, 刘军. 基于 GPS/GIS 技术的道路车速实时处理分析系统 [C]. 第一届中国智能交通年会书集, 2005: 379 - 383.

[55] LAWREBCE A KLEIN. Sensor technologies and Data Requirements for ITS [M]. Arrech House Boston&London, 2001.

[56] FHWA. Travel Time Data Collection Handbook [J]. Washington. D. C: FHWA, 1998.

[57] RICHARD BISHOP. Floating Car Data Project Worldwide: a selective review [C]. ITS America Annual Meeting, 2004.

[58] BOYCE D, KIRSON A, SCHOFER J. Design and implementation of ADVANCE [C]. Proceedings of the Vehicle Navigation and Information System Conference. Dearborn, USA, Oct 1991.

[59] ROBERTSON H D. Travel time and delay studied, Mannual of transportation engineering studies [J]. Institute of Transportation Engineers, Washington DC, 1994.

[60] MAY A D. Traffic flow fundamentals [J]. Prentice - Hall, Englewood, NJ 1990.

[61] KARTHIK K, SRINIVASAN, PAUL P JOVANIS. Determination of Number of Probe Vehicles Required for Reliable Travel Time Measurement in Urban Network [J]. Transportation Research Record 1517, 1996.

[62] SHAWN M TURNER, DOUGLAS J HOLDENER. Probe Vehicle Sample Sizes for Real - Time Information: The Houston Experience [J]. IEEE Conference on Vehicle Navigation and Information Systems, Seattl, 1995.

[63] M W GREEN, M D FONTAINE, B L SMITH. Investigation of dynamic probe sample requirements for traffic condition monitoring [C]. Transportation Research Board 83th Annual Meeting, Washington DC, 2004.

[64] D B SMITH, H ZHANG, M FONTAINE, et al. Final report of ITS Center project: Cellphone probe as an ATMS tool [R]. Smart Travel Lab Report No. STL - 2003 - 01, University of Virginia, June, 2003.

[65] SRINIVASAN K, JOVANIS P. Determination of the number of probe vehicles required for reliable travel time measurement in an urban network [J]. Transportation Research Record 1537, TRB Washington, DC, 1996: 15 –22.

[66] XIAOWEN DAI, MARTIN A FERMAN, ROBERT P ROESSER. A simulation Evaluation of a Real – Time Traffice Information System Using Probe Vehicles [J]. IEEE Proc. of Intelligent Transportation Systems, Volume: 1, 12 –15 2003, Oct, 475 – 480.

[67] RUEY LONG CHEW, CHI XIE, DER – HORNG LEE. Probe Vehicle Population and Sample Size for Arterial Speed Estimation [J]. Computer – aided Civil and Infrastructure Engineering, 2002 (17).

[68] CHRIS DRANCE, JEAN – LUC YGNACE. Cellular telecommunication and transportation convergence: a case study of a research conducted in California and in France on cellular positioning techniques and transportation issue [C]. 2001 IEEE Intelligent transportation systems conference proceedings, Oakland, 16 –12.

[69] Highway Capacity Manual 2000. Transportation Research Board [J]. Washington D C. National Research Council, 2000.

[70] SHAWN TURNER. Defining and Measuring Traffic Data Quality [J]. Office of Policy Federal Highway Administratio Washington, D. C December 31 2002.

[71] ROD E, TUROCHY, BRIAN L, et al. A New Procedure for Detector Data Screening in Traffic Management Systems [J]. The 80th annual meeting Transportation Research Board, Washington, D. C. 1 –19, 2001.

[72] STANISLAW BERKA. Data screening evaluation test report [J]. Urban Transportation Center, 1996.

[73] ANDRZEJ TARKO. Data screening for ADVANCE release 1. 5 data fusion [J]. Advance Working Paper Series, 1994.

[74] BERKA S. Data fusion algorithm for ADVANCE release 1. 5 [J]. Advance Working Paper Series, 1995.

[75] DAVID L GOLD, SHAWN M TURNER P E. Imputing missing values in ITS archives for intervals under 5 minutes [J]. Transportation Research Board, Washington, D. C: 1 –8, 2001.

[76] DAILEY D J. Improved error detection for inductive loop sensors [J]. WA – RD 3001 Washington State Dept. of Transportation, May 1993.

[77] CHEN CHAO. Detecting errors and imputing missing data for sngleLop srveillance systems [C]. TRB Annual Meeting, 2003: 3 –10.

[78] DANIELl J, et al. ITS Data Fusion [J]. U. S. Department of Transporta-

tion Final Research, 1996.

[79] HALL D L, LINAS J. An introduction to multisensor data fusion [J]. Proc IEEE. 1997, 85 (1): 6 -23.

[80] VARSHNEY P K. Multisensor data fusion [J]. J Eclec Commu Eng, 1997, 9 (6): 245 -253.

[81] U. S. Department of Transportation Federal Highway Administration. Data Fusion for Delivering Advanced Traveler Information Services [C]. U. S. Department of Transportation Intelligent Transportation Systems Joint Program Office. May, 2003.

[82] HALL D. Linsa J Handbook of Multi - Sensor Data Fusion [J]. CRC Press, 2001.

[83] MAHMASSANI, et al. Evaluation of incident detection methodologies. Research Report 1795 -1, Center for Transportation Research [J]. University of Texas at Austin, Austin, TX, October 1998.

[84] LINDLEY J. Urban Freeway Congestion Problems and Solutions [J]. An Update, ITE Journal, December 1989.

[85] PERSAUD B, HALL F. The McMaster single station algorithm for detection of freeway incidents [J]. Working paper, Department of Civil Engineering, McMaster University, 1988.

[86] RUEY LONG CHEU, GERMAINE CHI - WEN TAY. 2Sampling Strategies for Probe Vehicle - Based Freeway Incident Detection Algorithms [C]. Transportation Research Board 83rd Annual Meeting, Washington D. C, 2004.

[87] CHAMINDA BASNAYAKE. Automated Traffic Incident Detection with GPS Equipped Probe Vehicles [J]. ION GNSS, 2004 (9).

[88] W PATTARA - ATIKOM, P PONGPAIHOOL, S THAJCHAYAPONG. Estimating Road Traffic Congestion using Vehicle Velocity [J]. 6th International Conference on ITS Telecommunications Proceedings, China, 2006.

[89] HUIMIN WEN, ZHAOSHENG YANG, GUIYAN JIANG, et al. Automatie Incident Detection on Freeways Using Multi - layer Perceptron Neural Network, Traffic and Transportation Studies [J]. Proceedings of ICTTS2002, ASCE, P. 1082 -1088.

[90] HSIAO C H, LIN C T, CASSIDY M. Application of Fuzzy Logic and Neural Networks to Automatically Detect Freeway Traffic Incident [J]. Joural of Transportation Engineering, ASCE, Vol. 125, No5, 1994.

[91] ABDULHAI B, RITCHIE S G. Enhancing the University and Transferability of Freeway Incident Detection Using a Bayesian - based Neural Network [J]. Transportation Research Part C (7), 1999: 261 -280.

[92] N E THOMAS. Multi – state and Muti – sensor Incident Detection Systems for Arterial Streets [J]. Transportation Reasearh Part C, 1998 (6): 337 – 357.

[93] SETHI V, BHANDARI, et al. Arterial incident detection using fixed detector and probe vehicle data [J]. Transportation Research C, 3 (C) 2, 1995: 99 – 112.

[94] VAN AERDE M, et al. Vehicle probes as real – time ATMS sources of dynamic O – D and travel time data: Large urban systems [J]. In: Proceedings of the ATMS Conference held in St. Petersburg, Florida, pp. 207 – 230.

[95] SRINIVASAN K K, JOVANIS P P. Oversaturation delay estimates with consideration of peaking [J]. Transportation Research Record 1537, TRB, Washington DC, pp. 15 – 22.

[96] TURNER M S, HOLDENER D J. Probe vehicle sample sizes for real – time information: The Houston experience. In: Proceedings of Vehicle Navigation and Information Systems (VNIS) Conference [C]. 30 July – 2 August, 1995, Seattle, Washington, pp. 3 – 9.

[97] SOYCE D, KIRSON A, SCHOFER J. Design and implementation of advance: The Illinois dynamic navigation and route guidance program. In: Proceedings of the Vehicle Navigation and Information Systems Conference [J]. vol. 1. Wiely, New York, pp. 415 – 426.

[98] SEN A, THAKURIAH P, ZHU X, et al. Frequency of probe reports and variance of travel time estimates [J]. Journal of Transportation Engineering, 1997a, 123 (4): 290 – 297.

[99] SEN A, SOOT S, LIGAS J, et al. Arterial link travel time estimation: probes detectors and assignment – type models [J]. Preprint No. 970943, Transportation Research Board, 76th Annual Meeting, Washington, DC.

[100] BRUCE R. Hellinga, Liping Fu Reducing bias in probe – based arterial link travel time estimates [J]. Transportation Research Part C 10 (2002) 257 – 273.

[101] CHOI K, CHUNG Y. Travel Time Estimation Algorithm Using GPS Probe and Loop Detector Data Fusion. Proceedings of the 80th TRB Annual Meeting (CD – Rom) [J]. Transportation Research Board, Washington D. C, 2001.

[102] NANTHAWICHIT C, NAKATSUJI T, SUZUKI H. Application of Probe Vehicle Data for Real – Time Traffic Estimation and Short Term Travel Time Prediction on a Freeway [J]. Proceedings of the 82nd TRB Annual Meeting (CD – Rom), Transportation Research Board, Washington D. C, 2003a.

[103] NANTHAWICHIT C, NAKATSUJI T, SUZUKI H. Dynamic Estimation of

Traffic States on a Freeway Using Probe Vehicle Data [J]. Journal of Infrastructure Plan. and Man, JSCE, No. 730/IV -59, pp. 43 -54 , Apr. 2003b.

[104] RUI WANG. A Study on the Methodlolgy of Expressway Travel Time Estimation Utilizing Probe Vehicle Technologies [D]. Japan: Nagoya University, 2002.

[105] ANDREAJ TARKO, NAGUI ROUPHAIL. Travel Time Data Fusion in ADVANCE [C]. ADVANCE WORKING PAPER SERIES Number 28 August 1993 Prepared for Presentation at Pacific Rim TransTech Conference: A Ride Into the Future July 25 -28, 1993, Seattle, Washington USA.

[106] SISIOPIKU V P. Arterial Link Travel Time Estimation Based on Loop Detector Output [R]. Final Report, FHWA, FTFH61 - 92 - P - 40029, McLean VA, 1993.

[107] CESAR A QUIROGA, DARCY BULLOCK. Travel Time Studies with Global Positioning and Geographic Information Systems: An Integrated Methodology [J]. Transportation Research Part C 6 1998: 101 -127.